LA LANTERNE MAGIQUE

Histoire de Napoléon

RACONTÉE

par Frédéric Soulié;

ORNÉE DE 50 VIGNETTES

AVEC DES ANNOTATIONS PAR E. DE LA BÉDOLLIÈRRE.

PARIS
ALPHONSE HENRIOT, ÉDITEUR,
6, RUE NEUVE-SAINT-MARC.

1838

LANTERNE MAGIQUE.

Imprimerie et Fonderie de FÉLIX LOCQUIN et Comp.,
rue Notre-Dame-des Victoires, 16.

LA LANTERNE MAGIQUE

HISTOIRE DE NAPOLÉON

RACONTÉE PAR DEUX SOLDATS

par Frédéric Soulié,

ORNÉE DE 50 VIGNETTES

AVEC DES ANNOTATIONS PAR E. DE LA BÉDOLLIERRE

PARIS
ALPHONSE HENRIOT, ÉDITEUR,
6, RUE NEUVE-SAINT-MARC.

1838.

AVERTISSEMENT

DE L'ÉDITEUR

L'ouvrage que nous publions aujourd'hui est spécialement destiné à la jeunesse, bien que la lecture en puisse avoir des charmes pour les personnes de tous les âges.

En général, les enfans connaissent peu l'histoire contemporaine. Exclusivement livrés à l'étude des temps passés, ils sont souvent plus familiarisés avec les hauts faits des héros de Rome et d'Athènes qu'avec des exploits plus modernes.

Nos jeunes annales toutefois n'offrent pas moins d'intérêt que celles des anciens. Ils ont été grands, mais nous avons eu, nous aussi, nos momens de gloire et de grandeur. S'ils ont repoussé l'ennemi de leur territoire, nous avons comme eux vaillamment défendu notre patrie. S'ils ont conquis l'Europe, nous avons promené dans toutes les contrées nos drapeaux victorieux.

Il est donc utile que la jeunesse s'instruise des grands événemens du dix-neuvième siècle ; qu'elle apprenne à admirer et à vénérer les grands hommes auxquels la France a dû d'être la première des nations.

La *Lanterne magique* présente l'histoire

de l'empereur et de l'empire d'une manière pittoresque, et propre à saisir l'imagination. Cet opuscule prêtait essentiellement à l'illustration, et nous n'avons rien épargné pour en reproduire par le dessin et la gravure les scènes les plus importantes.

Nos lecteurs trouveront à la suite de la *Lanterne magique* trois fragmens de M. Frédéric Soulié, aussi remarquables par le style que par la pensée, et qu'on nous saura gré sans doute d'avoir conservés.

M. Frédéric Soulié, dans le cadre ingénieux qu'il a adopté ne pouvait présenter qu'une esquisse rapide et brillante. La forme dramatique de sa narration lui a nécessairement interdit de longs détails. Il nous a donc semblé indispensable de complèter par quelques notes la partie instructive de *La Lanterne Magique*, et d'indiquer la série chronologique des faits qui peuvent mettre le lecteur à même d'apprécier Napoléon comme homme, comme législateur, et comme capitaine.

Nous avons confié ce travail à un jeune littérateur, déjà chargé par nous d'un important ouvrage sur les *Victoires et conquêtes* des Français.

Dans toutes nos publications comme dans celles-ci, nous avons constamment un double but, l'instruction et l'amusement. C'est pour demeurer fidèles à notre règle de conduite que nous avons pris tous ces soins. Nous espérons en être récompensés par les suffrages du public, que nous avons eu le bonheur de nous concilier jusqu'à présent.

LANTERNE MAGIQUE.

Nous étions au mois de février 1822, j'habitais la province, et je passais la soirée avec mon père chez un négociant de notre petite ville, ancien lieutenant de hussards. Nous étions une douzaine d'amis, un vieux colonel de la garde, un chef de bataillon que nous appelions le commandant, un expayeur de l'armée et deux ou trois jeunes gens de notre société intime. Il y avait cinq à six femmes, parmi lesquelles madame Bonard, maîtresse de la maison, petite Parisienne très moqueuse et très royaliste, mais bonne au fond, et à laquelle on passait sans

lui en vouloir les épithètes de brigand et de monstre qu'elle donnait à tout propos à Napoléon, car elle avait perdu son père et ses deux frères dans les guerres de l'empire.

Sa mère demeurait avec elle. C'était une belle et digne femme, qui pleurait quelquefois au souvenir de ceux qu'elle avait aussi perdus, mais qui ne mêlait jamais une parole de malédiction à ses larmes.

Une orpheline élevée à Saint-Denis, appelée Eugénie, demoiselle de compagnie dans la maison, et quelques jeunes personnes, complétaient la société.

C'était une soirée de carnaval, et l'on n'avait pas envoyé coucher les enfans. Nous avions ri, chanté, dansé, fait des crêpes, bu du punch; on racontait des histoires folles; on en riait encore plus follement; la gaîté était à son plus beau degré de tapage et de désordre, lorsqu'à travers le bruit du vent qui faisait crier la lourde girouette de la maison, à travers les flots de pluie qui fouettaient les vitres, un cri se fait entendre dans la rue :

— *Voilà la lanterne magique !*

— Ah ! entendez-vous ? dit un des enfans, c'est la lanterne magique ; papa, voyons la lanterne magique.

Le plaisir et la gaîté rendent enfans : nous nous écriâmes tout d'une voix, vieux et jeunes, hommes et femmes :

— La lanterne magique ! la lanterne magique !

On expédia Pierre Flamand, vieux hussard, cocher de la maison, à la poursuite des Auvergnats, et nous nous apprêtâmes à voir *monsieur le soleil et madame la lune.*

Un moment après on introduisit dans le salon deux hommes avec leur immense boîte. Je vivrais cent ans, que je n'oublierais jamais la figure de ces deux hommes.

Le plus âgé était un grand gaillard vigoureusement taillé. Il avait un nez crochu, un petit œil malin dominé par un front chauve, élevé et traversé par une large cicatrice : il portait des moustaches et se tenait droit et raide comme un piquet.

Le second était un homme de trente-six ans, maigre, pâle, les yeux grands et bleus, le regard triste, l'air embarrassé et souffrant.

Pendant que celui-ci arrangeait la bougie pour éclairer sa lanterne, et qu'on disposait un drap blanc au fond du salon, le premier de ces deux hommes nous considérait tous attentivement; il nous écoutait parler. Il regardait les petits rubans rouges de nos anciens militaires, et souriait en les entendant s'appeler colonel, commandant, lieutenant. Tout aussitôt il fait un signe à Pierre Flamand qui disposait des chaises pour le spectacle, et ils sortent ensemble. Un moment après, Pierre Flamand vient chercher son maître, qui sort de même, et un moment encore après, ils rentrent tous trois ensemble. M. Bénard, le maître de la maison, s'approche de celui qui arrangeait la lanterne magique et lui parle tout bas.

Celui-ci le regarda comme s'il avait voulu lire jusqu'au fond de son âme et ne répondit rien. Le nez crochu dit alors, d'un ton de prière et d'encouragement :

— C'est des bons, allons, c'est convenu.

Son camarade rougit et détourna les yeux, remit dans leur boîte les verres peints qu'il en avait tirés et en chercha d'autres. Nous ne savions ce que voulait dire tout ce petit manège; mais nous n'avions garde d'être curieux, et nous nous ménagions à nous-mêmes la surprise qu'on nous préparait. Enfin chacun prit place; on laissa les domestiques, Pierre Flamand en tête, se grouper à la porte du salon, on éteignit toutes les lumières, et nous vîmes sur le fond blanc du salon, trois portraits : Nopoléon, général; Napoléon, consul; Napoléon, empereur.

Il y eut un moment de surprise. Madame Bénard s'écria :

— Qu'est-ce que cela? avec un peu d'humeur.

— Une histoire que tu ne sais pas, lui dit fermement et doucement son mari.

Nous entendîmes un petit ricanement de madame Bénard, et elle répondit assez aigrement :

— Allons, puisque cela vous amuse.

— Voilà, voilà, voilà, s'écria le nez crochu d'une voix haute et cadencée, c'est Na-

poléon Bonaparte, général en chef de l'armée d'Italie, premier consul et empereur. Vous le voyez d'abord, avec son chapeau à plumes tricolores, ses oreilles de chien et ses bottes à retroussis. Il est maigre comme un rat d'église, et il doit ses bottes à son cordonnier.

Le voilà devenu premier consul, il a déjà son petit chapeau, les cheveux à la Titus, porte des bas de soie et des souliers à boucles; il a fait fortune.

Celui-ci c'est l'empereur, il est gros et gras, et s'est arrondi comme la France. Le voilà avec sa redingote grise, ses bottes à l'écuyer et sa lorgnette à la main. C'est son costume de route, de bivouac et de bataille. Il réfléchit et prend du tabac dans ses poches; Il prépare une rincée aux ennemis.... Changez.

A cette époque, la figure de l'empereur était encore une image proscrite qu'on se montrait secrètement. Ceux qui possédaient son portrait étaient de hardis patriotes. Ceux qui l'accrochaient dans leur salon passaient pour imprudens. Un silence étonné succéda à cette première apparition. Le nez crochu continua sans y prendre garde.

— Ceci n'est rien, messieurs, mesdames, un portrait, une figure avec un habit. Tout le monde en a plus ou moins ; ce qu'il faut voir, c'est de voir agir et parler le petit caporal. Attention, ça va commencer.

Vous voyez Toulon. Des traîtres, des

contre-révolutionnaires avaient livré la ville aux Anglais. La Convention nationale, un fameux régiment de requins qui avaient cruellement embêté les aristocrates, la Convention nationale dit à trois de ses farceurs : « Va-t'en me reprendre Toulon ! » Je prierai la société de remarquer que tout le monde se tutoyait à cette époque. Ce qui explique pourquoi la Convention en parlant à trois personnes dit : « Va-t'en me reprendre Toulon.

Le scrupule grammatical du nez crochu nous fit rire ; mais il reprit imperturbablement :

— Les trois nommés étaient les citoyens Albert, Salicetti et Barras. Ils partirent sur le champ pour obéir, attendu qu'ils devaient être guillotinés s'ils ne réussissaient pas. Ils prirent d'abord avec eux le général Cartaux, puis Dugommier. Mais bernique! l'Anglais ne lâchait rien et ricanait à la barbe de leurs canons : la Convention s'impatientait. Ça mit la peur et le feu au ventre des trois citoyens et ils se dirent entre eux : — Comment faire? — Tiens, dit Saliçetti, il y a un petit maigre qui rôde toujours en avant des autres, il a l'air de se douter comment la chose est possible. Demandons-le-lui. Ils firent venir le petit maigre et lui dirent : — Fais-nous prendre Toulon.

— C'est facile, qu'il leur dit ; mais Toulon n'est pas devant vous, Toulon n'est pas où vous jetez vos boulets et vos obus. Toulon est là. Et il leur montra du doigt un fort appelé le petit Gibraltar, collé au flanc d'un rocher. Les représentans lui rirent au nez. Dugommier, plus malin, lui dit en fronçant le sourcil : — Tu crois? — J'y engage ma tête, répondit-il. C'était la manière d'alors. Qui fut dit fut fait. Le lendemain, il était logé dans le petit fort et abîmait Toulon qui était dessous lui, le grêlant de boulets à bouche que veux-tu. Là-dessus, les Anglais filèrent au plus vite et nous entrâmes dans la ville en chantant : *Ah ça ira, ça ira, les aristocrates à...* Et je vous réponds qu'ils y allèrent.

— Ça c'est vrai! dit Pierre Flamand à la porte du salon, en laissant échapper un gros rire de triomphe.

Nous gardâmes tous le silence : nous étions vivement intéressés. Nous entendîmes le camarade du nez crochu lui recommander de la circonspection. Celui-ci reprit bientôt :

— Voilà qui va bien, le petit caporal a fait goûter de sa soupe aux citoyens de la Convention, d'où vient qu'ils n'en veulent plus d'autre. Un jour que les farauds des sections viennent pour lui faire danser un bal où ils n'étaient pas invités, on charge le petit de les régaler. Bon, il prépare encore sa soupe, et il la leur sert si chaude sur les marches St-Roch que les malins s'y brûlent la langue et s'en vont en miaulant comme des chats échaudés. La Convention est contente, et dit à Bonaparte : — Tu t'es bien conduit,

2

je te donne l'armée d'Italie.—Fameux, qu'il se dit. — Attention, messieurs, mesdames, vous allez voir ce que vous allez voir.

Voilà l'armée d'Italie ; le cadeau n'est pas supérieur. Un tas de blancs-becs que nous étions, avec des pantalons où il ne restait pas de quoi faire une culotte courte ; des souliers dont nous avions mis les semelles sur le gril pour faire des rôties et souper avec. Jamais de pain le dimanche ni les autres jours. Des canons dépareillés et des mortiers où nous n'avions rien à mettre, pas même une livre de cheval pour y faire la soupe. — Tu es gentil, que nous dîmes, en voyant arriver le petit maigre que personne ne connaissait. — Qu'est-ce que ce gringalet? se reprirent Augereau et Masséna, des vieux durs à cuire que ça embêtait, plus souvent que je vas lui obéir. — Suffit. — Voilà qu'on l'agonise de criailleries. — N'y a rien, ni vivres, ni munitions, ni habits, ni armes. — Soldats, qu'il répond à tout le monde, aux généraux tout de même qu'aux fantassins ; soldats, vous n'ayez ni habits, ni pain, ni rien, il y en a devant vous, venez les chercher. — Par où? qu'on lui répond. — Par la victoire, qu'il dit.

Ça nous enflamme les entrailles. Il a raison, se dit-on avec rage. En avant, en avant, v'là la charge qui bat. Ça dura quatre jours : en avant à Montenotte, en avant à Millesimo, en avant à Dego, en avant en Mondovi. — C'est très bien, dit le général, vous êtes de vieux soldats; vous avez marché sans souliers, vous vous êtes battus sans canons, vous avez passé des rivières sans pont, c'est parfait; mais c'est pas tout, il faut en finir. — C'est très bien, que répond l'armée, et v'là que ça recommence. On allait comme des chevaux échappés; on tapait à droite; on tapait à gauche; à Lodi, à Castiglione; à Bassano, bien, très bien! Tout à coup, un tas d'impériaux, des Autrichiens de rien, se rassemblent à Arcole. Encore très bien. Nous y filons. Attention, voici le moment.

Un gueusard de pont nous séparait des ennemis, un bouquet de canons qui crachaient une pluie de mitraille nous arrêtait. — Ce n'était plus l'habitude. — Voltigeurs, emportez-moi ça, que dit le général en chef. — Ils y vont! — Le canon crache. Balayés à l'unanimité. — D'autres! dit-il encore; — Vlan, vlan, vlan, au pas de charge; ils avancent jusqu'au milieu. — Brrraoun... les canons toussent. Plus de voltigeurs! — Les grenadiers en avant, crie le petit caporal. Les grenadiers arrivent : ça va bien, immobiles, l'arme basse, superbes! C'est un mur qui charge. Encore un tonnerre de canon, et pas plus de grenadiers que de voltigeurs. — D'autres! répète encore le damné caporal : mais à cette fois, plus rien. On fait semblant de ne pas entendre. Alors il saute de cheval, il empoigne notre drapeau, il passe devant nous et nous le montre, il nous le met sous le nez; il nous le fait sentir comme qui flaire une piste; et il l'emporte

en avant : nous le suivons, c'est le devoir ;
il l'emporte vers le pont, nous allons vers le
pont : c'était la mort, c'était tout de même :
il était tout seul en avant. L'ennemi le voit,
on le pointe, on met le feu ! ! Le canon eût
peur : rien de touché ! Et le pont est à nous,
la batterie est à nous ! l'armée autrichienne
est à nous.

A ce moment et dans l'obscurité où nous
ne pouvions suivre le mouvement des physionomies, nous entendîmes la respiration haletante de quelques voisins. C'étaient le vieux colonel et le commandant dont le cœur battait la charge dans leur poitrine, vieux débris d'Arcole, rajeunis à cet instant, brisés par la chute de l'empire et se redressant à la voix d'un mendiant. Nous tous, la

petite madame Bénard elle-même, respectâmes cette émotion. Le tableau disparut : l'homme reprit : — Mais enfin, après l'orage on voit venir le beau temps : comme dit Pierrot, dans la belle pièce du tableau parlant ousque M. Elleviou était si drôle. Après le pont d'Arcole, on rebrosse un reste d'Autrichiens qui se crottaient en Italie, on fait la paix, et voilà. Mais la paix c'est pas l'affaire du soldat. Il ne restait rien à grignoter en Italie : le général en chef, qui aimait les belles peintures et les fameuses statues, en avait expédié plein des charrettes au muséum de Paris. Mais c'était des petits bouts d'hommes et de femmes, et voilà qu'il pense à aller en chercher dans un pays où il y a des statues qui ont le nez gros comme une tour de Notre-Dame, et des montagnes comme les

Alpes bâties en maçonnerie parfaite. Or, on assemble une belle armée à Toulon sans lui dire pourquoi, on l'embarque sur un tas de navires et nous sommes lancés en pleine mer. Nous filons, et voilà qu'un matin un hibou de matelot perché sur un mât crie : Terre! Nous étions dans l'entrepont où nous faisions une partie de drogue.—Faut voir ça,

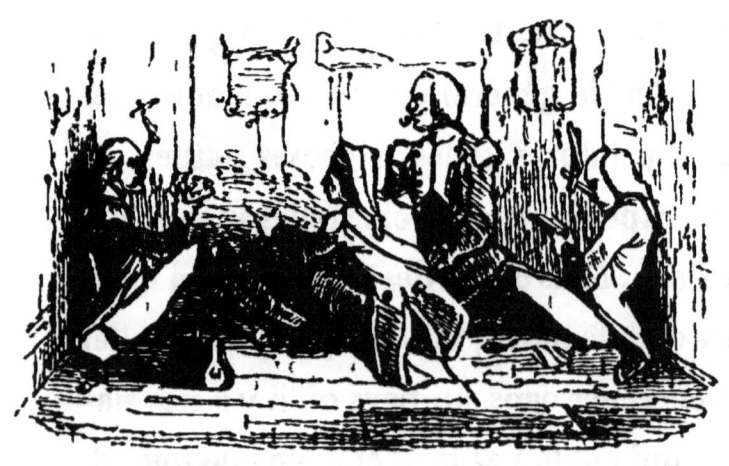

faut voir ça! Et nous courons tous en haut.

Nous nous attendions à trouver des magnifiques campagnes avec de superbes orangers, d'excellens pommiers et du raisin en tout temps. Quel déchet! une nappe de sables à perte de vue, une douzaine d'arbres plantés là comme des parasols, et au fond une sorte de ville avec un tas de clochers pointus comme des baïonnettes, que ça avait l'air d'un jeu de quilles. La mer était sens dessus dessous. C'est égal, on aborde et nous balayons un tas de chenapans déguenillés qui ne voulaient pas. Des vrais mulâtres avec des chevaux comme des rats, et des fusils si longs qu'à quinze pas ça vous tire à bout portant. Vous êtes en Egypte, qu'on nous dit. Moi qu'avais appris mon catéchisme, — Tiens, c'est drôle que je pense. J'ai été à Rome ousque le pape est curé, je serai pas fâché de voir la ville où notre Seigneur Jésus-Christ est venu au monde. Nous avions eu quelques camarades de descendus. Le général ordonne qu'on les enterre au pied d'un fameux monument bâti il y a deux mille ans en faveur d'un général en chef, mort dans le pays, le général Pompée, un Romain soigné. — Vous voyez le monument tel qu'il existe. On y inscrit les noms des braves morts les premiers sur les terres d'Egypte.

Ça fit d'abord un fier effet : mais il y en a qui dirent qu'il y avait eu de la protection et qu'on avait exposé les uns de préférence aux autres pour leur accorder cet avantage d'être mis au rang du fameux Pompée. N'importe, on avance. On laisse Alexandrie avec le général Kléber, qui avait été blessé

à l'attaque, et on s'enfonce dans les terres. Quand je dis les terres, c'est une manière européenne de s'exprimer, on s'enfonce dans le sable. Voilà, messieurs, mesdames, ce qu'il n'est pas possible de vous figurer. Sous

les pieds, un terrain d'enfer où l'on aurait fait cuire pour rien des œufs sur le plat, sur notre tête un soleil d'enragé qui nous rôtissait sur toutes les coutures. On se serait mis au frais sous un four de campagne. On laisse passer la première journée sans trop rien dire, mais voilà le lendemain que ça recommence, voilà que ça recommence tous les jours, et toujours du sable, en avant, en arrière, à droite, à gauche. Une poussière comme une vapeur qui brûlait les yeux et séchait la langue en parchemin. Pas un verre de vin, pas une goutte d'eau pour se rafraîchir le gosier, pas un ennemi pour se passer son humeur à le tuer. Rien, tout ça fuyait à mesure que nous marchions. Quand je dis tout ça, j'y mets de l'intention ; pour vous faire comprendre comment toute la journée nous voyions devant nous un lac superbe où nous n'arrivions jamais. Les savans de la chose nous expliquèrent que c'était une habitude du pays par rapport aux étrangers, une sorte de trompe-l'œil naturellement égyptien, et que ça s'appelait le mirage. Merci : mais c'était peu rafraichissant. L'armée s'embêtait du pays, lorsqu'enfin, à force de trimer, nous arrivons sur le Nil. Ce fut notre première victoire, la se-

conde fut de voir l'ennemi, la troisième

de l'éreinter au superlatif. D'abord nous bûmes de l'eau comme des ivrognes, puis, nous regardâmes venir l'ennemi. C'est pas pour dire, mais c'était gentil ; des soldats magnifiques comme des tambours-majors à cheval, des rouges, des bleus, des jaunes avec des fusils brodés d'argent, des vestes damasquinées, des chapeaux en pouf de soie et d'or. Tout près, les montagnes des pyramides, où il y avait de quoi écrire le contrôle en détail de l'armée pour ceux qui étaient jaloux de la colonne du fameux Pompée. On nous forme en carré et le général en chef nous crie à tous : « Du haut de ces pyramides, quarante siècles vous contemplent : » ça voulait dire qu'il fallait y mettre de l'amour-propre. A ce moment, voilà les Mamelucks qui se lancent sur nous comme des boulets :

nous faisons notre décharge et nous croisons les baïonnettes ; ils viennent comme des

sauterelles, ils pleuvent contre nos carrés

comme de la grêle poussée par le vent : on eût dit des mouches à miel acharnées après un hérisson; ils se piquaient sur les baïonnettes, ils se roulaient par terre et nous poignardaient les mollets. Quand leurs chevaux reculaient en face, ils les faisaient avancer à reculons et les renversaient sur nous. Je ne suis pas pour médire des vaincus, mais c'étaient des hommes capables d'être braves, s'ils avaient su tenir un peu l'alignement. Finalement, après s'être fait larder le plus possible, ils lâchèrent pied et nous en fîmes un horrible dégât pour nous revenger un peu de la route. Après quoi les bagages furent à nous. Ce fut une fière ripaille, nous avions tous des châles de cachemire comme des duchesses, de l'or plein les poches, des colliers en perles fines et de pompons en diamans. Nous entrâmes ainsi au Caire. C'est là où il y avait des sérails, où on élève des

escouades de femmes qui se baignent dans des cuves de marbre avec des eaux et des pommades au jasmin et à l'œillet ; c'est là !...

— Georges ! dit doucement une voix

grave; c'était le compagnon du nez crochu qui l'avertissait de supprimer les souvenirs de sérail.

— Bien, bien, reprit le démonstrateur, ce n'était que pour en goûter. Ça ne dura pas long-temps : nous apprîmes que l'Anglais avait coupé le retour et que Nelson avait fait une horrible fricassée de nos vaisseaux. Or, ne pouvant pas aller en arrière, nous marchâmes en avant. On passe Gaza et l'on arrive à Jaffa. L'ennemi nous y attendait. Il se défendit jusqu'au dernier et mourut de même. Ici les choses devinrent cruelles pour quelques uns. La peste se mêla de la guerre, après la soif et la famine. Le soldat français connaît la mort, ça ne lui fait pas peur. Pourvu qu'on le tue il est content;

mais il hait qu'on le laisse mourir. Ceci, messieurs, est un triste tableau.

— Il y en avait qui devenaient noirs comme des grives et dont la peau se crevait de partout. Ceux-là hurlaient en se roulant sur la terre qui brûlait, d'autres tombaient comme un bœuf qu'on assomme et allaient râler dans un coin ; j'en ai vu qui se coupaient la gorge avec leur sabre pour se désaltérer de leur sang.

Alors on épouvanta tout le monde ; les malades ne veulent plus guérir ; et l'armée se recule quand un camarade vient lui tendre la main. Chacun regarde son compte comme additionné, et se laisse aller à mourir. Le général en chef apprend ça : il arrive à l'hôpital, et passe dans les rangs qui étaient par terre : fallait voir comme les autres qui l'accompagnaient se ranguaient des matelas ; on eût dit des Parisiennes qui ont peur de la crotte. Le général au contraire s'approchait des plus entamés, il parlait à tout le monde. Il y avait un pauvre

soldat dans un coin qui ne disait mot et qui
le regardait faire. — Qu'as-tu? qu'il lui dit.
— Je meurs, répond le soldat. — Tu t'ima-
gines ça, dit le général, on en réchappe
quand on veut. — Possible ! dit le soldat,
quand on n'y est pas pris ; mais, une fois
touché, c'est comme la gale, faut que ça
vienne; avec l'agrément de plus que ça tue;
tenez, allez-vous-en, l'air n'est bon pour
personne ici. — L'air de mes soldats est
bon pour moi, dit Bonaparte. Tu es un enfant. — J'avais trente-deux ans. — Tu as
eu peur. — J'avais été à Arcole. — Donne-
moi ta main et lève-toi. — Je ne veux pas,
que je dis. — Lève-toi, qu'il reprend. — Je
ne peux pas, que je réponds aussi en me
renfonçant dans ma couverture. — Eh bien!
je vais t'aider.

Là-dessus, il me prend sous le bras, il me met sur mon séant, et voit que j'avais une fente à la poitrine, il y touche, il la presse, et comme je voulais l'arrêter : — Bon, dit-il, je te compterai ça pour une blessure quand tu seras guéri. Il y avait trois jours que j'étais couché, sans avoir pu remuer un bras ni une jambe : je me mis à genoux, et je lui dis alors : — Vous serez mon général jusqu'à la mort. Ah! sacredieu! c'était la mienne que j'entendais, et non pas la sienne. C'était pas pour vivre et venir raconter un jour....

— Georges! reprit la même voix avec un triste accent.

Le nez crochu se moucha et s'écria en toussant :

— Vous avez raison, au diable l'Egypte. Revenons en France, c'est plus gai et moins monotone. Toujours la même chose en petit, si ce n'est à Aboukir, où la débâcle des turbans fut sans ressource.

Nous n'en pouvions plus douter, c'était un vieux soldat qui racontait son existence à côté de celle de Napoléon. Alors l'intérêt de sa vie se trouva pour ainsi dire mêlé à cette grande histoire. C'était l'armée parlant de son général. Cependant ce n'était pas celui qui racontait qui nous occupait le plus. Son camarade, dont la voix l'avait interrompu deux fois, nous semblait devoir aussi porter en lui une part de cette grande époque. Nous nous communiquions tout bas nos suppositions, lorsque nous vîmes un nouveau tableau.

— C'est le passage du mont Saint-Ber-

nard, dit le soldat. Napoléon, après avoir
laissé son armée d'Egypte à Kléber, un beau

bel homme que vous pourrez voir ici, Napoléon est revenu à Paris, porté en triomphe

depuis Fréjus jusqu'à la capitale. Il a trouvé que ça allait mal. Il met les avocats à la porte, et, du moment qu'on ne parle plus, on commence à s'entendre. Dans quelques mois, la Vendée se tait et les émigrés reviennent, l'école polytechnique s'établit.

Un soupir s'échappe de la poitrine du soldat silencieux à ce mot d'école polytechnique. Nous avions tous l'esprit tendu pour deviner l'histoire de ces deux hommes dans leurs moindres signes. Il nous sembla que ce soupir renfermait un souvenir, un regret. Le soldat qui parlait nous confirma dans cette pensée en reprenant avec affectation :

— Oui, la superbe école polytechnique,

où il y avait des enfans braves comme des soldats, savans comme des généraux. C'était une belle école. Mais voilà que pendant que Napoléon fait du bien à la France, l'Anglais recommence ses tours, et que l'Autriche et la Bavière s'élancent en avant pour son compte. Ils nous croyaient fatigués, et disaient que nous avions oublié le chemin de l'Italie. — Le premier, c'est possible, pense Napoléon; mais le proverbe est là qui dit que tout chemin mène à Rome, et il nous en fait prendre un où on ne peut pas dire qu'il n'y eût pas de pierre. En Egypte, c'était tout plaines; ici c'était tout montagnes : n'importe, le mot de marche des Français est : En avant, toujours en avant; et avec ça, plaines ou montagnes sont bientôt derrière les talons. Je ne sais comment ça se faisait, mais il avait toujours de vieilles histoires en poche pour nous piquer d'amour-propre. On nous raconte comme quoi un nommé Annibal a passé par là avec des éléphans ; ça serait honteux de n'y pas monter avec des canons, et on se met à l'œuvre. Les cavaliers à pied, les canons dans des arbres creux, les roues sur les épaules, les caissons sur des brancards, les soldats attelés aux pièces, tout grimpe, tout monte, tout arrive. La montagne est escaladée d'assaut, l'armée est sur la cime et l'Italie à ses pieds. C'est là qu'eut lieu Montebello, ce combat qui devint un duché. C'est là qu'eut lieu Marengo, cette belle bataille qui eût été le duché de Desaix, si ce brave jeune homme n'était pas mort en Italie à la même heure que Kléber était assassiné en Egypte. Na-

poléon revient à Paris. Il s'y trouve des
gredins qui n'auraient pas osé le regarder

en face, et qui veulent le faire sauter comme
un vieux pan de mur. Mais la poudre connaissait Napoléon ; elle le respectait : c'était

son maître. La machine rata pour lui, et ne tua qu'une cinquantaine de pékins. Vous voyez comme la chose était faite.

— Les Anglais, vexés en tous points, font la paix à Amiens, mais en sournois et pour mieux préparer leur jeu. Ce fut l'année de la paix; il n'y eut pas grand'chose pour le soldat.

— Il y eut la création de la Légion-d'Honneur, dit le colonel, qui malgré lui se laissait aller à l'entrainement de ce récit.

— Bon, dit le soldat, il parait que vous êtes un ancien de la création; moi qui ne suis que de 1805, je l'avais oublié. Je suis d'Austerlitz.

— D'Austerlitz! dit une voix de femme profondément émue : c'était celle de madame Bénard.

— Ne vous inquiétez pas, ma petite dame, nous y arrivons, c'est du soigné. Or je reprends. L'empereur,... ça m'a fait négliger de vous dire qu'il s'était gradé empereur, roi d'Italie, et un tas d'autres choses encore. Or l'empereur était à Boulogne à tenir les Anglais le bec dans l'eau, lorsqu'il apprend que les autres, les autres empereurs s'entend, celui de Russie et celui d'Autriche, vont lui déclarer la guerre. Deux contre un, il n'y avait pas de quoi l'épouffer. Il nous ramène au galop de la côte de Normandie à la frontière allemande, et la danse com-

mence le 8 octobre. Il y en eut des rigodons de danses à Wertinghen, à Guntzbourg, à Elchingen. Oudinot et Ney marquent la mesure. En quinze jours, il n'y a plus d'Autrichiens. L'empereur marche à Vienne, et le 13 novembre nous bivouaquons au Prater. Le 1ᵉʳ décembre, l'empereur se lève de bonne heure, et il nous dit dans un ordre du jour : Soldats ! il faut finir cette campagne par un coup de tonnerre, et il nous menace de s'exposer si nous marchons mollement à l'ennemi. C'est bientôt dit, caporal, mais nous verrons.

Le soir, comme il se faisait tard, et que nous le croyons tout endormi dans une méchante cabane en paille que nous lui avions faite, voilà que nous apercevons une redingoto qui passait et repassait à l'entour de nous. C'est l'empereur, dit un vieux qui le connaissait rien qu'à voir la corne de son chapeau au coin d'un mur. C'est l'empereur, répéta-t-on entre soi : ça se chuchote de proche en proche, et en moins de rien toute la division se doutait de la chose. — Faut l'éclairer, dit le vieux, de peur qu'il n'attrape une entorse pour demain. — C'est juste. Aussitôt il prend la paille de son matelas d'occasion, la tortille en bouchon, l'allume et la plante sur sa baïonnette. L'empereur passe; il lui présente les armes; ça nous paraît drôle : en voilà dix qui en font autant, puis cent, puis dix mille, puis cent mille qui se lèvent avec des bouchons de paille enflammés au bout de leur fusil. Jamais on n'a vu une aussi belle assemblée de chandeliers. Il faisait jour comme en plein midi. Nous criions vive l'empereur, que ça faisait trembler les arbres comme un vent d'automne. Oh! c'était beau de le voir heureux ce jour-là. — Tu auras un bouquet soigné pour ta fête, que nous lui disions avec enthousiasme. Il y avait juste un an qu'il était empereur. Je t'apporterai un drapeau, disait l'un; je t'amènerai un canon, criait l'autre; nous mourrons tous pour notre empereur; oui, nous mourrons!

Et comme quelques sanglots se firent entendre, sanglots dont nous savions seuls la cause, le soldat s'arrêta et reprit :

—Pardon, excuse, mais c'était notre pensée. L'empereur pleurait aussi, mais de joie. Enfin le jour se leva, ça ne fut pas long, l'attaque commença par la victoire; les ennemis n'y virent que du feu ; à un seul endroit le 4ᵉ de la division de Vandamme fut culbuté par la garde impériale russe. Mille ans je vivrais, mille ans je me souviendrais du moment où l'empereur dit au maréchal Bessières. — Bessières, va là avec tes invincibles : nous partimes, le général Rapp en tête, et nous nous trouvâmes face à face avec la garde russe, garde impériale contre garde impériale : ça ne dura qu'une minute, mais ça fut beau; officiers, soldats, drapeaux, canons, nous les effaçâmes tous du sol qu'il n'y parut plus. C'est là où le prince Repnin fut enlevé par le général Rapp. *Vous voyez l'instant où il paraît devant l'empereur.* Pendant ce temps les Russes acculés

sur un tas de glace s'enfuyaient bon train. — Faut-il les mitrailler? dit Berthier. — Faut les anéantir, répond l'empereur! Et tout aussitôt on pointe vingt canons sur la glace, on la fend, on la brise, et trente mille hommes s'en vont, flottant comme sur des radeaux, faisant naufrage sur des glaçons qui s'enfoncent chargés de soldats, et qui reviennent à fleur d'eau, unis comme des miroirs. Les malheureux s'accrochaient aux bords jusqu'à ce qu'un autre glaçon vint les heurter et leur couper les bras. C'étaient des hurlemens atroces qui s'entendaient à travers le canon.

— Assez, assez, cria alors une voix épouvantée. — Horreur et malédiction, c'est là que mon père est mort, entraîné à la poursuite des ennemis.

C'était madame Bénard qui criait ainsi en sanglottant cruellement.

— Assez, disait-elle avec désespoir, c'est infâme.

— Continuez, dit une autre voix de femme, ferme et grave, continuez : c'était la mère de madame Bénard, cette femme forte que nous respections comme une sainte.

Le vieux soldat, tout confus et baissant la voix, reprit lentement :

— Le lendemain l'empereur adopta les enfans des braves morts pour la patrie et décréta une pension à toutes les veuves de l'armée.

— Et vous en avez vécu toute votre vie, ma fille, dit la mère de madame Bénard, et moi je n'ai eu que le pain que l'empereur m'a laissé pour faire de vous une femme digne du nom de votre père.

— Et moi, dit la voix de la jeune fille de Saint-Denis, je serais une mendiante, s'il ne m'avait élevée et nourrie comme la fille d'un brave officier.

Le silence le plus absolu régna après cette triste interruption ; M. Bénard reprit alors :

— Allons, camarade, ce n'est pas fini.

— Non certes, répondit le soldat, il y en a encore de toutes façons. Il y a encore la campagne de Prusse et la bataille d'Iéna, la prise de Berlin et la conversation des deux empereurs avec ce cornichon de roi de Prusse sur le Niémen, puis la paix Tilsitt. Vient ensuite la **guerre d'Espagne**, la prise de Madrid, celle de Saragosse emportée rue à rue, maison à maison, chambre à chambre, par quarante mille Français contre quatre-vingt mille Espagnols. Nous avons encore une guerre d'Autriche et une reprise de Vienne, et la fameuse bataille de Wagram où le duc de Raguse et Clauzel arrivèrent de deux cents lieues avec vingt mille

hommes, et en se battant contre quarante mille, et ça juste à l'heure et à la minute dite par l'empereur, comme un voisin invité pour manger la soupe, sans aller ni plus vite, ni plus doucement, et faisant route comme un courrier de la malle dont les relais sont marqués. Mais tout ça se ressemble, toujours des ennemis qui veulent s'y frotter et qui le sont régulièrement. Ça pourrait ennuyer la société, nous allons passer à un autre genre. C'était en 1810, l'empereur se sentait désolé de n'avoir pas un enfant pour lui laisser ce fameux empire qu'il avait établi. Ça se comprend, d'avoir besoin au cœur de donner ce qu'on a gagné. Pour ça, il lui fallut quitter sa femme, la bonne impératrice, et il fit venir, pour l'épouser, Marie-Louise, la fille de l'empereur d'Autriche. Ce fut une magnifique cérémonie. Il y a de quoi en admirer la représentation que vous allez voir au parfait. C'était dans la grande salle du Louvre, où on avait construit une église d'occasion.

— C'est l'empereur et l'impératrice qui sont à genoux. Le curé qui les bénit, c'est le cardinal Maury, archevêque de Paris, un célèbre abbé qui prenait des pistolets en guise de burette pour dire la messe à son aise à la Convention. Derrière l'empereur, vous voyez d'abord son frère, Louis roi de Hollande, qui faisait le dégoûté de son royaume. Cet autre qui a l'air tout jeune, c'est Jérôme, roi de Westphalie, encore un frère de l'empereur, encore un roi. Plus loin le prince Borghèse....... fameux cornichon, beau-frère de sa majesté. Celui-ci qui est si ma-

gnifiquement pomponné, c'est Joachim Murat, roi de Naples, un terrible soldat, encore un beau-frère. Le dernier c'est le prince Eugène, vice-roi d'Italie, le fils de l'impératrice Joséphine. Vous voyez comme quoi l'empereur plaçait agréablement sa famille. Pour le moment, le roi Joseph se débarbouillait en Espagne, du mieux qu'il lui était possible. Derrière l'impératrice, vous voyez la femme de Joseph, la princesse Julie, reine d'Espagne; à côté d'elle, la reine Hortense, une favorite de sa majesté; la reine de Westphalie; la vice-reine d'Italie; la princesse Elisa, grande-duchesse de Toscane, la princesse Pauline, belle au suprême degré, deux sœurs de l'empereur; la princesse Caroline, reine de Naples : en tout, quatre rois et cinq reines. Voilà le soigné, le reste n'est plus qu'un tas de maréchaux, de princes, de ministres, l'archichancelier, l'architrésorier, tous les archiquoi de l'empire, des princesses de tous grades ; des duchesses à la douzaine, des généraux à en revendre. Tout ça vêtu de velours de soie avec des habits brodés sur toutes les coutures, des plumets, de crachats en diamans, sans compter le sénat, qui faisait queue en arrière, et un régiment de chambellans rouges comme des suisses, avec des clefs d'or au derrière, enfin, une cérémonie où on a calculé qu'il y avait pour onze millions d'habits brodés. Un an après, c'était pas si magnifique, mais c'était bien plus beau. Imaginez-vous le jardin des Tuileries rempli de plus de deux cent mille personnes qui marchaient doucement comme dans la chambre d'un malade, qui parlaient bas comme de peur de l'éveiller, un petit ruban de rien servait de garde autour du château, et empêchait le bruit d'approcher. La princesse Marie-Louise allait accoucher; ça sera-t-il un garçon où une fille? voilà la question, comme si chacun eût attendu son premier enfant. On s'amassait petit à petit, on savait que le canon devait annoncer la naissance, cent pour un garçon, vingt pour une fille. C'était comme un bourdonnement tout à l'entour des Tuileries. Voilà tout à coup le canon qui part, ce fut un miracle; Paris se tut, les voitures s'arrêtèrent dans les rues, les piétons se tinrent immobiles; dans la maison, chacun resta à sa place à l'endroit où il se trouvait; dans les Tuileries, rien que la respiration de deux cent mille ames qui écoutaient la tête penchée. Le canon lâche son second coup. On entend un mot prononcé par tout le monde à la fois. — Deux, dit-on, — trois, quatre, cinq, on comptait chaque coup; ainsi ça dura depuis un jusqu'à vingt : à vingt, c'était comme si la mort eût passé sur toute la ville, un silence terrible rendait Paris muet. Le vingt-unième part, une immense acclamation lui répond. C'était tout Paris qui se redressait en criant : vive l'empereur ! Le roi de Rome est né, disait-on ! Et pendant ce temps, Napoléon, derrière un carreau des fenêtres des Tuileries, pleurait de grosses larmes à travers lesquelles il regardait à la fois le peuple et son fils, ses deux enfans adorés, ses deux pauvres enfans qui n'ont plus de père.

— Ah! s'écria l'ancien payeur transporté, jamais un jour n'enferma pour la France tant de grandeur et d'enivrement, tant de puissance et d'espoir. Oh! qu'est de venue cette gloire? que sont devenus cet avenir, cet homme et cet enfant?

— Vous allez le voir, répondit une voix sombre et fatalement empreinte d'amertume.

C'était le soldat silencieux qui venait de prendre la parole. On sentait à l'émotion de son accent que ce n'était pas de sa volonté qu'il allait parler ainsi. On comprenait que quelque chose de terrible qui lui remplissait le cœur demandait à déborder et à se répandre : nous écoutâmes. — Bientôt mille intrigues ennemies forcent l'empereur à déclarer la guerre à la Russie. C'était la clef de voûte de son système qu'il fallait aller attacher à Saint-Pétersbourg, c'était le monde européen dont il fallait exiler la cruelle Angleterre. Napoléon partit : six cent mille hommes le suivaient. Le 7 juin, il était à Dantzig, le 12 à Kœnigsberg, et le 24 il passe le Niemen, cinq ans jour pour jour, après cette entrevue où, sur ce même fleuve, il avait donné la paix à la Russie, et rendu son royaume au roi de Prusse; le 28 il entre à Wilna. C'est alors que commence cette guerre à la course où les Français poursuivent jusqu'à Moscow des soldats et une armée, et n'atteignent que des incendies et des déserts. Oh! pour raconter les prodiges de cette campagne, les prodiges de victoires et de désastres, de constance infatigable et de désespoir infini, il faudrait à chaque jour un récit, à chaque général un historien, un tableau à chaque combat ; mais qui pourrait dire ou peindre tous les héroïsmes de cette année, parler à la fois de Murat, ce vaillant qui s'enivrait de guerre et de fanfares, jouant la vie de ses soldats comme la sienne, l'imprudent, et chassant de sa cravache les troupeaux de cosaques qui gênaient sa marche ; parler de Davoust, ce lent et inflexible guerrier, ne pardonnant la guerre qu'à la victoire, et comptant chaque mort inutile comme un vol à la patrie ; de Ney, ce brave des braves, si infatigable, si terrible, si grand général et si beau soldat, se donnant tout au combat, de sa tête et de son bras, de son génie et de son corps ; d'Eugène, cette ame de dévouement qui se battait non en maréchal de l'empire, non en vice-roi d'Italie, mais en ami, en fils de

Napoléon, jetant sa vie à le servir pour que lui seul fût plus grand, triste et calme dans la victoire, fier et calme dans l'infortune? Pourquoi nommerais-je Oudinot et non pas Poniatowski? Si je racontais la mort de Gudin, il faudrait dire celle de mille autres : et faudrait dire les noms de ces braves du quarante-sixième, repoussant à Smolensk six mille hommes et leur soixante canons. Je sais qu'ils s'appelaient les enfans de Paris, ces voltigeurs du neuvième que l'armée applaudissait, tandis qu'ils soutenaient comme un roc les efforts de toute la cavalerie russe. Mais personne ne peut plus dire quels furent ces cinquantes voltigeurs du trente-troisième, sur lesquels vint s'abattre et se briser la charge de dix mille cosaques. Laissons donc Ostrowno, Mohilow, Polotsk, et tous ces

mille combats qui conduisirent les Français des bords du Niémen à ceux de la Moscowa. Prenons-les à cette bataille des batailles, où rien ne manqua, pas même la victoire, où tout fut immense, courage et génie, où tout fut surhumain, attaque et défense, bataille inouie où commença l'espérance des vaincus et le désespoir des vainqueurs. Il y avait cent trente mille hommes dans chaque armée, deux cent soixante mille combattans en présence et douze cents pièces de canons prêtes à tonner. Le 7 septembre à trois heures du matin, l'empereur était à cheval; à cinq heures, le soleil se leva sans nuage. C'est le soleil d'Austerlitz, dit l'empereur; on battit un ban, on lut l'ordre du jour suivant : « Soldats, voilà la

bataille que vous avez tant désirée, désormais la victoire dépend de vous, elle nous est nécessaire, elle nous donnera l'abondance, de bons quartiers d'hiver, un prompt retour dans la patrie ! Conduisez-vous comme à Austerlitz, à Friedland, à Wetepoketa, à Smolensk, et que la postérité la plus reculée cite avec orgueil votre conduite dans cette journée, et que l'on dise de vous : Il était à cette grande bataille sous les murs de Moscou. » A six heures du matin, un coup de canon parti de la droite de notre armée annonce la bataille, cent vingt bouches à feu entreprennent la lutte, Poniatowski et la droite s'engagent les premiers. Le prince d'Ekmuhl avance avec le centre à 7 heures, le prince Eugène met la gauche en mouvement. Le 106ᵉ régiment de son corps d'armée a enlevé Borodino, il s'emporte au delà du village, l'infanterie des russes l'enveloppe et l'écrase; le 92° se dévoue, s'élance au pas de course et le dégage, et ils rentrent à Borodino. Pendant ce temps, Davoust attaque vivement la pre-

mière redoute; Compans marche en tête du 57°, il est blessé. Rapp vient prendre sa place, il marche encore le premier, il est blessé, c'était sa vingt-deuxième blessure. Les soldats se troublent, Davoust se montre devant eux, ils le suivent encore, Davoust est blessé. Alors Ney avec ses trois divisions accourt tête basse. Le 57° ne veut pas qu'on le devance, il resserre ses restes déchirés, et d'un dernier élan il atteint la première batterie ennemie, l'escalade et précipite les Russes qui l'abandonnent, et cloue sur leurs pièces ceux qui s'obstinent à les défendre. Ney, lancé comme un lion furieux, atteint les autres redoutes de l'ennemi et les lui arrache. Alors la gauche des Russes étant aussi forcée, Napoléon ordonne à Murat de charger. Murat obéit et se montre le premier sur les hauteurs. Les Russes culbutés sont secourus par deux nouvelles divisions, elles accourent au pas de charge et surprennent Murat dans le désordre de sa victoire : les cavaliers se troublent, Murat veut les arrêter. Ils ne l'entendent pas. Cependant les rangs ennemis s'approchent. Condé y eût jeté son bâton de maréchal. Murat s'y jette lui-même. Alors il se lève sur ses étriers, il frappe d'une main, de l'autre agite son panache de roi au dessus de sa tête découverte et appelle les soldats qui le laissaient prisonnier. A cet aspect, ils s'arrêtent, ils se rallient à sa voix, honteux et transportés de rage, ils reviennent à la charge; Ney était à leur suite, Ney promenant ses divisions sur le champ de bataille comme une massue qui frappait partout où il y avait danger. Murat, ainsi établi sur les hauteurs, était cependant dominé par la seconde ligne des batteries russes. L'empereur le voit. — Que Davoust les emporte, s'écrie-t-il, Davoust envoie Friant. Ce général se précipite, et du premier choc balaie les régimens qui couvrent les batteries. Mais les Russes tentent un effort désespéré, artillerie, infanterie, cavalerie, tout se meut, tout s'ébranle, tout tonne, douze cents pièces de canon déchirent les airs, et font trembler le sol que les boulets labourent et creusent en larges sillons. C'est un effort immense, prodigieux, inouï, devant lequel des Français pouvaient seuls tenir un moment : ils y tinrent quatre heures, quatre heures de victoire immobile, quatre heures de carnage. Cependant nos rangs sont hachés, troués par la mitraille. Les soldats s'étonnent, un des généraux, épouvanté de les voir ainsi trembler par milliers, ordonne un mouvement rétrograde. Murat court à lui, le saisit au collet, l'arrête. — Que faites-vous? s'écrie-t-il. — Vous voyez, dit le général, on ne peut rester ici. — J'y reste bien, moi, dit Murat; soldats, face en tête, c'est ici qu'il faut se faire tuer. On resta. Ainsi de tous côtés chacun prodigue sa vie, ses efforts. Eugène, à gauche, se soutenait en désespéré contre les feux des canons qui l'écrasaient; ses soldats, à genoux dans des fossés, n'échappaient que par ce moyen au volcan de mitraille qui vomissait sur eux le fer et le plomb. Poniatowski, voyant que le centre s'est avancé, ne veut pas seul rester en arrière, il se précipite sur la position ennemie, il l'enlève : enfin Murat ordonne une charge générale sur toute la ligne. La cavalerie se déploie comme un vaste réseau et se déroule au galop d'un bout à l'autre de l'armée, elle enveloppe les Russes comme une chaîne de fer, les presse, les culbute et précipite leur retraite jusque dans le fond des bois. La nuit vient pour cacher leur déroute, et à la faveur de son ombre ils osèrent se vanter d'une victoire. Mais le jour du lendemain se leva pour montrer leur fuite. Trente mille Russes furent tués à cette bataille, vingt mille Français y périrent. Le 14, à une heure après midi, l'avant-garde française atteignit le mont du Salut. Aussitôt elle voit devant elle Moscou, la sainte ville, Moscou et ses clochers aigus et ses dômes dorés où plane la croix grecque, Moscou où nous attendaient en espérance le

repos, l'abondance et la paix. Là, à Moscou,
étaient la souveraineté de la France sur le

monde, la gloire éternelle de l'armée. Tout
fut publié, fatigues, misères, morts, avenir. Moscou! criait-on, Moscou! Moscou!

C'étaient des voix qui avaient aussi crié: Rome, Naples, Milan, Berlin, Vienne, Madrid, Lisbonne. Moscou achevait au front de l'armée cette couronne des capitales.

— La voilà, s'écrie le vieux soldat, en

nous faisant apparaître cette ville lointaine qui reluisait d'or au soleil, où les richesses des deux mondes, Asie et Europe, encombraient les bazars de leurs luxes réunis...

Et nous, transportés à ce moment, nous dans ce salon étroit où notre cœur bondissait comme au milieu d'un champ de bataille, nous criâmes aussi : Moscou ! Moscou ! et nous battîmes des mains à cette image pâle qu'éclairait la pâle lueur d'une bougie.

— Oui, s'écria le jeune soldat, c'est Moscou comme nous le vîmes une heure, comme il ne dura qu'un jour, le temps de rêver l'empire du monde. Mais la main d'un homme, d'un forcené, à qui des Français ont fait bassement une vertu de ce que lui-même regarda comme un crime; la main d'un homme brisa tout cet avenir, engloutit les espérances et dévora l'empire français au Kremlin. A peine étions-nous dans la ville que la ville s'embrase, les toits s'écroulent et tombent avec fracas; le plomb qui les couvre ruisselle dans les rues, la cité s'abîme sur elle-même. Il fallut quitter Moscou. C'est alors que commença le grand désastre, cette longue marche de mort où l'armée ne laissa d'autre trace que ses cadavres. Ce n'étaient plus quelques hommes blessés dans une compagnie, une compagnie disparue d'un bataillon, un bataillon qui manquait à son régiment, ou un régiment à sa division; c'étaient des corps d'armée qui mouraient tous à la fois. On ne comptait plus les morts ; on avait plutôt fait de compter les vivans. Ici il n'y a plus àfaire l'histoire de l'armée, ni de son empereur; leur histoire fut celle de chacun : marcher à pied, sans pain, sans eau, sans munitions

sans espérance, soldats, généraux, empereur, voilà ce qu'ils firent tous. Les plus faibles tombaient et mouraient; les plus forts passaient et mouraient plus loin. L'or semait les routes à côté des membres épars des soldats. Il y en a qui buvaient le sang des chevaux; il y en a qui incendiaient des villages pour sentir une minute de chaleur. Là des misérables, frappés de vertige, s'approchaient du feu, qui prenait à leurs vêtemens, et, fuyant avec des cris, allaient se consumer sur la glace comme les flambeaux de cet horrible convoi : d'autres les entouraient et se chauffaient à ce cadavre qui brûlait. Des mères jetèrent leurs enfans à la neige; des fils détournèrent la tête de leur père qui leur tendait les bras. Ainsi mouraient sans cesse tous ces braves d'Austerlitz et d'Iéna. Ils mouraient et ne se rendaient pas. Eugène,

enveloppé avec quinze cents hommes, s'arrache à vingt mille Russes ; Ney se défend, lui trentième, contre des milliers d'ennemis. L'empereur cerné de tous côtés, son épée d'une main, un bâton de l'autre pour soutenir

son corps malade, charge à pied à la tête des restes de sa garde. Un seul bataillon couvrait son flanc. — Ils ne sont que cinq cents, dit Mortier. — Dites-leur de se battre comme dix mille, répondit Napoléon.

Ils obéirent, les vaillans; ils moururent là. Enfin, il faut céder; il faut se retirer. Quelques désespérés tentent la fuite : — Au pas ordinaire, crie l'empereur. — Au pas ordinaire, répète Davoust; et le tambour bat le pas ordinaire à trois mille Français

qui passent devant quatre-vingt mille Russes.

La voix manqua au pauvre soldat. Nous-mêmes, serrés à la gorge, gardions un terrible silence. Chacun pleurait, mais tout bas. On nous disait cette histoire, où il y eut d'abord tant de joie et puis tant de larmes pour la France, et nous savions bien que nous n'en étions pas à la plus fatale page. Le soldat continue :

— Ainsi la France avait perdu ses hommes ; elle donna ses enfans à l'empereur. Ses enfans vainquirent à Lutzen, à Dantzig, à Dresde, à Leipzig : ses beaux enfans, ses jeunes gens de salon, ses beaux gardes d'honneur, firent ce que n'avaient pu faire les grenadiers et les cuirassiers de la garde, ils écrasèrent la phalange des grenadiers russes.

— N'est-ce pas, dit la mère de madame

Bénard, avec des sanglots dans la voix, qu'ils se battirent là comme leurs pères, et que la trahison les vainquit ?

Les deux fils de madame Bénard étaient morts à Leipzig.

— Oui, ils se battirent noblement. Mais l'heure du malheur était sonnée, et l'Europe, levée tout entière, enferma Napoléon dans la France, comme un lion dans une arène. Oh! ce fut véritablement un lion acculé qu'il était dans sa France, dans son asile. Il bondit de fureur, terrible, agile, rajeuni par le désespoir. Il triomphe à Champaubert, à Montmirail, à Vauchamp; il disperse et sépare ses ennemis. Il résume toute sa gloire en battant sur le sol français toutes ces nations qu'il avait vaincues chez elles. Enfin, il est maître de sa fortune; il revient pour les broyer entre son armée victorieuse et les murs de Paris. Mais Napoléon n'avait compté ses ennemis que parmi les étrangers. Paris ouvrit ses portes, et Napoléon dépose sa couronne. Oh! que ce dut être un affreux désespoir pour cet homme qui avait fait de la France un pays de cinquante-un millions d'habitans, de la voir ainsi foulée par le pied des étrangers, s'abandonnant elle-même plus que la fortune ne l'abandonnait. Il n'y voulut point croire, et, du fond de l'île d'Elbe, il crut sentir frémir l'indignation de la France sous l'humiliation que lui imposaient les nouveaux souverains. Il revint s'offrir à sa gloire, elle l'accepta de nouveau. Depuis Cannes, ce fut comme seize ans auparavant depuis Fréjus, il arriva en triomphe à Paris. Enfin Waterloo arriva. Pourquoi vous raconter cette bataille? la France doit l'apprendre par cœur; il faut l'enseigner à vos enfans pour qu'ils sachent que c'est là notre dernière lutte avec l'Europe, et que ce fut une défaite, et que la première bataille qu'elle livrera doit laver Waterloo de notre histoire. Parlons donc de Napoléon durant ce jour. Je l'ai vu; j'étais près de lui ; je l'ai reproduit sur ce verre comme il m'apparut durant cette infernale lutte entre lui et le monde.

— A midi la bataille était gagnée. Chacun se réjouissait. Lui, l'œil tendu sur l'horizon, demanda si Grouchy venait. A deux heures, la bataille était gagnée. Les généraux qui l'entouraient parlaient déjà de Bruxelles et de la Belgique reconquise. Napoléon demanda si Grouchy venait. A quatre heures la bataille était gagnée; on avait près de soi Vienne et Berlin. L'empereur demanda si Grouchy venait. A cinq heures la bataille était gagnée. On crut revoir la Hollande et l'Italie réunies à la France, l'Autriche alliée, la Prusse perdue, la Russie exilée chez elle. L'empereur demanda si Grouchy venait. — Soult, dit-il, avez-vous envoyé chercher Grouchy. — Sire, répondit le maréchal, j'ai envoyé quatre aides de camp. L'empereur le regarda en face, il lui plongea son regard dans le cœur comme un poignard, et lui dit seulement : — Ah! monsieur, monsieur! Berthier eut envoyé quatre cents

Puis il baissa la tête, et le premier coup de canon de Bulow fit passer un boulet au-dessus de lui, la bataille était perdue. Il ne demanda plus rien à ses officiers et courut vers l'ennemi, pour qu'il voulût bien le tuer.

On le sauva, on lui épargna une balle au cœur pour le livrer à Sainte-Hélène.

— Voilà ce rocher où il mourut six ans, prisonnier des Anglais, qui avaient compris qu'il n'y avait ni porte ni muraille que son nom n'eût bientôt fait tomber, et que trois cents lieues de mers désertes, où sa voix se perdrait sans échos, pouvaient seules le garder invinciblement. C'est là qu'ils l'enfermèrent, pour que l'aigle captif brisât son ame contre les barreaux de sa cage. Et comme il tardait à mourir, ils lui resserrèrent son aire et trouvèrent à l'exiler dans son exil : ce ne fut plus Sainte-Hélène qu'il resta à l'empereur de l'Europe, ce fut une maison, une chambre : moins qu'à un criminel de Botany-Bay. Ils pouvaient bien lui tirer un coup de fusil, mais la blessure eût saigné aux yeux du monde et sali toute l'histoire d'Angleterre; et comme on ne voit pas saigner le cœur, c'est au cœur qu'ils le frappèrent, les assassins! l'outrageant en valets de bourreaux, lui disputant son pain, son lit, son ombre. En Sibérie, ils lui eussent disputé son soleil. Ils furent patiens à la torture. L'ame de feu et le corps de fer du prisonnier mirent six ans à s'user tout à fait. Enfin, après avoir long-temps regardé à l'horizon où était la France, à l'horizon où était son fils, à l'horizon où était sa vie, il baissa encore une fois sa tête et permit à la mort qui attendait de s'approcher. Elle vint, lente et tortionnaire, avec des déchiremens et des angoisses dans la poitrine. Il lui fallait de tout, à cette immense vie : de la douleur comme celle d'un Dieu tombé, de la douleur comme celle d'un misérable sur un grabat. Bientôt il pensa à la France, il se souvint de ses vieux soldats, il leur distribua le peu qu'il avait, et quand il ne lui resta plus rien, il inscrivit leur nom sur son testament. C'était l'immortalité. Enfin, quand tout fut prêt, il plaça devant lui l'image de son fils, le pauvre père! il s'enveloppa dans le manteau de Marengo, le vieux général! il se jeta sur le lit de fer où il s'était reposé de quarante-neuf batailles rangées, le grand empereur! et il mourut.

Maintenant, il dort sous un saule au pied

duquel murmure un ruisseau, et rien ne trouble le silence de cette tombe, où devraient s'incliner tous les soldats du monde, que la prière furtive de quelque jeune fille qui vient y cueillir des fleurs, et les pas du soldat anglais qui veille en tremblant sur le mort qui dort à ses pieds.

A ce moment, comme par un hasard inouï, la flamme qui éclairait ce tableau s'éteignit, nous ne vîmes plus rien, mais nous entendîmes un léger murmure près de nous : c'étaient les enfans et les domestiques qui, d'instinct et de douleur, s'étaient mis à genoux et priaient. Nous n'osions que pleurer, nous. Oh! c'est qu'il faut être peuple pour faire ce qu'on sent dans son ame, sans fausse honte, sans crainte, sans calcul. Si les soldats de l'empereur eussent été toujours jeunes et pauvres, on ne nous eût pas raconté en cachette cette histoire qui était la nôtre, et cette histoire n'eût pas été celle qu'on nous racontait.

BATAILLE D'AUSTERLITZ.

BATAILLE D'AUSTERLITZ.

Quand un homme comme Napoléon se lève parmi les nations, tant qu'il vit et qu'il y marche, les agitant toutes ensemble du moindre de ses mouvemens, aucun jugement n'est possible sur cet homme : l'admiration est réputée flatterie et la sévérité s'appelle haine. Un jour arrive cependant où l'homme, quelque prodigieux qu'il ait été, doit passer sous un niveau qui le ramène à la hauteur de la plus misérable humanité ; ce jour, c'est celui de sa mort; ce niveau, c'est la tombe. Alors les nations, débarrassées de cette vie importune, incapables de lever les yeux jusqu'au front du colosse tant qu'il a été debout, se prennent à mesurer le cadavre à l'aise quand il est gisant par terre; alors quelquefois elles s'étonnent de la petitesse de ce qui les a dominées, et quelquefois aussi de l'immensité de ce qu'elles ont méconnu. Ainsi fut-il de Napoléon. Ce fut le jour qu'il mourut qu'on vit la place qu'il tenait dans le monde; ce fut à l'heure qu'il tomba que ses œuvres grandirent autour de lui; et l'on pourrait dire de cette innombrable quantité d'actions éclatantes, de nobles institutions et de bienfaits qu'il nous a légués, qu'on ne les a aperçus, comme les étoiles au ciel, que lorsque le soleil a été couché.

De toutes les gloires qui ont couronné ce nom, celle du guerrier a été la plus éblouissante. Elle est aussi la plus chère aux Français, car c'est elle à laquelle ils participaient le plus. Ils étaient les soldats vainqueurs du capitaine vainqueur; l'éclat qui rayonnait autour du chef éclairait au loin jusqu'au dernier de ses compagnons; et, pour les enfans de la France, il avait fait de leur nom un titre de noblesse, car chacun pouvait répondre hautement à Vienne, à Madrid ou à Berlin : Je suis Français, comme autrefois il eût dit : Je suis gentilhomme. Avec lui toute cette gloire n'est pas tombée, et si quelque guerre se rallumait entre nous et l'Europe, elle serait le premier rempart de nos frontières et l'avant-garde de nos jeunes bataillons.

C'est pour donner une idée à nos jeunes lecteurs des merveilles de cette gloire militaire, et de l'ivresse qu'elle produisait, que nous leur raconterons en quelques pages une de ces immortelles batailles dont le nom est populaire dans toutes les langues de l'univers.

Le 24 septembre 1805, l'empereur partit de Paris.

Le 21 octobre, après les combats de Wertengen, de Guntzburg, d'Albeck, d'Elchingen, de Langenau, de Neresheim, et la capitulation d'Ulm, il adressait cette proclamation à ses soldats :

« Soldats de la grande armée !

» En quinze jours nous avons fait une campagne ; ce que nous nous proposions de faire est rempli. Nous avons chassé de la Bavière les troupes de la maison d'Autriche et rétabli notre allié dans la souveraineté de ses états.

» Cette armée qui, avec autant d'ostentation et d'imprudence, était venue se placer sur nos frontières est anéantie.

» Mais qu'importe à l'Angleterre ! son but

est rempli : nous ne sommes plus à Boulogne, et son subside ne sera ni plus ni moins grand.

» De cent mille hommes qui composaient cette armée, soixante mille sont prisonniers. Ils iront remplacer nos conscrits dans les travaux de la campagne.

» Deux cents pièces de canon, tout le parc, quatre-vingt-dix drapeaux, tous leurs généraux, sont en notre pouvoir. Il ne s'est pas échappé de cette armée quinze mille hommes.

» Soldats, je vous avais annoncé une grande bataille; mais, grace aux mauvaises combinaisons de l'ennemi, j'ai pu obtenir les mêmes succès sans courir aucune chance; et, ce qui est sans exemple dans l'histoire des nations, un si grand résultat ne nous affaiblit pas de plus de quinze cents hommes hors de combat.

» Soldats ! ce succès est dû à votre confiance sans bornes dans votre empereur, à votre patience à supporter les fatigues et les privations de toute espèce, à votre rare intrépidité.

» Mais nous ne nous arrêterons pas là : vous êtes impatiens de commencer une seconde campagne.

» Cette armée russe, que l'or de l'Angleterre a transportée des extrémités de l'univers, nous allons lui faire éprouver le même sort.

» A ce combat est attaché plus spécialement l'honneur de l'infanterie française : c'est là que va se décider pour la seconde fois cette question qui l'a déjà été une fois en Suisse et en Hollande, si l'infanterie française est la première ou la seconde de l'Europe.

» Il n'y a pas là de généraux contre lesquels je puisse avoir de la gloire à acquérir : tout mon soin sera d'obtenir la victoire avec le moins possible d'effusion de sang. Mes soldats sont mes enfans. »

Quelques jours après, Napoléon était à

Munich, il avait exécuté le passage de l'Inn, livré les combats de Ried, de Lambach, de Lover; passé l'Ens, battu les ennemis au combat d'Amstetten ; le 13 novembre il était à Vienne ; encore quelques jours il s'avance en Moravie, et le 2 décembre il tenait parole à son armée à Austerlitz.

L'avant-veille il lui adresse cette proclamation :

« Soldats !

» L'armée russe se présente devant vous pour venger l'armée autrichienne d'Ulm ; ce sont ces mêmes bataillons que vous avez battus à Hollabrunn, et que depuis vous avez poursuivis constamment jusqu'ici. Les positions que nous occupons sont formidables, et, pendant qu'ils marcheront pour tourner ma droite, ils me présenteront le flanc.

» Soldats ! je dirigerai moi-même vos bataillons : je me tiendrai loin du feu, si, avec votre bravoure accoutumée, vous portez le désordre et la confusion dans les rangs ennemis ; mais si la victoire était un moment indécise, vous verriez votre empereur s'exposer aux premiers coups ; car la victoire ne saurait hésiter, dans cette journée surtout, où il y va de l'honneur de l'infanterie française, qui importe tant à l'honneur de toute la nation.

» Que sous prétexte d'emmener les blesses, on ne dégarnisse pas les rangs, et que chacun soit bien pénétré de cette pensée, qu'il faut vaincre ces stipendiés de l'Angleterre, qui sont animés d'une si grande haine contre notre nation.

» Cette victoire finira notre campagne, et nous pourrons reprendre nos quartiers d'hiver, où nous serons joints par les nouvelles armées qui se forment en France; et alors la paix que je ferai sera digne de mon peuple, de vous et de moi. »

Le soir même, l'empereur, voulant juger de l'effet qu'avait produit cette proclamation, se rend à pied dans tous les bivouacs pour les visiter incognito; mais à peine y est-il arrivé qu'il est reconnu par les soldats;

les premiers s'imaginent, pour éclairer sa marche, de rouler la paille sur laquelle ils couchaient et de l'attacher comme un flambeau au bout de leurs baïonnettes; mais dès que quelques uns ont accompli leur dessein tous les bivouacs imitent cet exemple, et près de 50,000 fanaux ainsi allumés montrent à l'empereur son armée debout devant lui; tandis que ces flambeaux s'agitaient dans l'air, d'enthousiastes acclamations accueillaient Napoléon sur son passage.

Un des plus vieux grenadiers s'approche de lui et lui dit, en faisant allusion à sa proclamation : « Sire, tu n'auras pas besoin de t'exposer; je te promets, au nom des grenadiers de l'armée, que tu n'auras à combattre que des yeux, et que nous t'amènerons demain les drapeaux et l'artillerie de l'armée russe, pour célébrer l'anniversaire de ton couronnement. »

— Ce sera notre bouquet, s'écrie-t-on de tous côtés.

Lorsque l'empereur rentra à la mauvaise cabane de paille que ses grenadiers lui avaient construite, il dit aux généraux qui l'entouraient : « Messieurs, voilà la plus belle soirée de ma vie. »

Si les Russes avaient pu être témoins de ce spectacle, sans doute ils eussent perdu de leur jactance, et ils n'eussent point parlé aussi légèrement qu'ils le faisaient de cette armée qu'ils devaient, disaient-ils, anéantir du premier choc, et conduire prisonnière en Russie. Mais la fortune leur devait la terrible leçon qu'ils reçurent dans cette occasion. D'ailleurs Savary, envoyé à l'empereur Alexandre, avait été témoin de la fatuité de leurs jeunes officiers et en avait rendu compte à Napoléon, qui lui-même avait reçu l'aide-de-camp russe Dolgorowki, dont l'impertinence l'eût sans doute indigné si elle ne lui eût fait pitié.

Napoléon, au contraire, ménagea cette sotte confiance des Russes en leur supériorité. Des démonstrations de crainte et d'embarras furent habilement ménagées en présence de l'armée ennemie, et le 2 décembre arriva.

A une heure du matin, l'empereur monta

a cheval et parcourut lui-même tous les postes, s'informant partout de ce que les grands-gardes avaient pu apprendre de l'armée ennemie. Il sut que les Russes avaient passé la nuit dans l'ivresse, et qu'ils traitaient avec le plus profond mépris le peu d'Autrichiens qui, échappés à la première campagne, leur conseillaient un peu de circonspection.

Enfin le soleil se leva, et alors commença cette fameuse bataille que les soldats ont appelée long-temps la bataille *des trois empereurs* (1); que d'autres nommaient la bataille *de l'anniversaire*, et qui a gardé le nom de bataille d'Austerlitz, que Napoléon lui a imposé.

(1) Napoléon, l'empereur d'Autriche et celui de Russie.

L'empereur, entouré de tous ses maréchaux, attendit que le jour fût tout à fait éclairci pour donner ses derniers ordres. Bientôt les brouillards du matin se dissipent, chacun des maréchaux s'approche de l'empereur, reçoit ses instructions, et part ensuite au galop pour rejoindre son corps, entouré lui-même d'un flot d'officiers et d'aides-de-camp.

Lannes court prendre le commandement de la gauche de l'armée; il avait avec lui Suchet et Cafarelli. Bernadotte est appelé à diriger le centre; les généraux Rivaud et Drouet commandent sous lui. Enfin l'empereur confie la droite de son armée au maréchal Soult, dont le corps d'armée se compose des divisions Vandamme, Saint-Hilaire et Legrand.

Murat réunit toute la cavalerie sous son commandement, et se place entre la gauche et le centre.

L'empereur, avec Berthier, Junot et tout son état-major, reste en réserve avec dix bataillons de sa garde, dix bataillons du général Oudinot et quarante pièces de canon. Bientôt il s'élance lui-même au galop, passe sur le front de la plupart des régimens :

« Soldats! leur dit-il, il faut finir cette campagne par un coup de tonnerre qui écrase l'orgueil de nos ennemis. »

Au 28ᵉ de ligne, presque tout composé de conscrits du Calvados, il dit : « J'espère que les Normands se distingueront aujourd'hui!»

Il dit au 57ᵉ : « Souvenez-vous que je vous ai surnommé le terrible. » Ainsi il enflamme tous les esprits.

Partout les cris de vive l'empereur lui répondent et le signal du combat est donné.

Aussitôt Soult s'avance et coupe la droite de l'ennemi. Lannes marche sur sa gauche s'échelonnant par régimens comme dans un jour d'exercice. Murat s'élance avec sa cavalerie. Une canonnade de deux cents pièces s'engage sur toute la ligne, deux cent mille hommes en viennent aux mains, c'était un bruit horrible, un choc immense, une épouvantable lutte.

Cependant un bataillon du 4ᵉ de ligne se laisse enfoncer par la garde impériale russe à cheval. L'empereur le voit : « Bessières, Bessières, dit-il rapidement, les invincibles à la droite. » Il dit, Rapp se met à leur tête, et en peu d'instans les deux gardes impériales à cheval sont face à face : ce ne fut qu'un moment. Au bout de quelques minutes, colonel, artillerie, étendards, tout était au pouvoir de Rapp.

La garde impériale française à pied voit ces exploits et murmure. Quatre fois, elle demande à grands cris à se porter en avant, mais l'empereur la maintient, et, malgré leur amour, les grenadiers le maudissent alors. « Il n'y a jamais rien pour nous, s'écrie un soldat en pleurant de rage et en jetant son fusil. »

— Soldats, vous avez aussi votre gloire,

restez calmes! Votre immobilité combat et triomphe.

Bientôt Rapp reparait le sabre brisé, couvert de poudre et de fumée; il mène à sa suite le prince Repnin, qu'il vient de faire prisonnier.

Cependant, des hauteurs d'Austerlitz, les empereurs d'Autriche et de Russie voient la défaite de leur garde; ils tentent de la faire secourir, mais Bernadotte s'avance à son tour, et la victoire n'était déjà plus douteuse. Le corps de l'ennemi, qui avait été chassé de toutes ses positions, se trouvait à ce moment dans un bas-fond acculé à un lac qu'il passait en tumulte sur la glace; l'Empereur s'y porte avec vingt pièces de canon. « Faut-il les mitrailler? demanda Berthier? — Il faut les anéantir, » répond l'Empereur. Et aussitôt, d'après son ordre, les canons au lieu d'être dirigés sur les troupes sont pointés sur la glace, ils la brisent par larges glaçons où des compagnies entières flottent un moment et s'abîment ensuite; dix mille hommes périssent ainsi, poussant d'horribles cris, maudissant les imprudens souverains qui les ont exposés à la colère française.

L'empereur apprit ainsi le lendemain le résultat de sa victoire à la grande armée;

« Soldats,

» Je suis content de vous; vous avez, à la

journée d'Austerlitz, justifié tout ce que j'attendais de votre intrépidité. Vous avez décoré vos aigles d'une immortelle gloire. Une armée de cent mille hommes commandée par les empereurs de Russie et d'Autriche a été en moins de quatre heures ou coupée ou dispersée ; ce qui a échappé à votre fer s'est noyé dans les lacs.

» Quarante drapeaux, les étendars de la garde impériale de Russie, cent vingt pièces de canon, vingt généraux, plus de trente mille prisonniers, sont le résultat de cette journée à jamais célèbre. Cette infanterie, tant vantée et en nombre supérieure, n'a pu résister à votre choc, et désormais vous n'avez plus de rivaux à redouter. Ainsi en deux mois cette troisième coalition a été vaincue et dissoute. La paix ne peut plus être éloignée ; mais comme je l'ai promis à mon peuple avant de passer le Rhin, je ne ferai qu'une paix qui nous donne des garanties, et assure des récompenses à nos alliés.

» Soldats, lorsque le peuple français plaça sur ma tête la couronne impériale, je me confiai à vous pour la maintenir toujours dans ce haut éclat de gloire qui seul pouvait lui donner du prix à mes yeux. Mais dans le même moment, nos ennemis pensaient à la détruire et à l'avilir ; et cette couronne de fer, conquise par le sang de tant de Français, ils voulaient m'obliger à la placer sur la tête de nos plus cruels ennemis ; projets téméraires et insensé, que, le jour même de l'anniversaire du couronnement de votre empereur, vous avez anéantis et confondus. Vous leur avez appris qu'il est plus facile de nous braver et de nous menacer que de nous vaincre.

» Soldats, lorsque tout ce qui est nécessaire pour assurer le bonheur et la prospérité de notre patrie sera accompli, je vous ramènerai en France. Là, vous serez l'objet de mes plus tendres sollicitudes. Mon peuple vous reverra avec joie, et il vous suffira de dire: j'étais à la bataille d'Austerlitz, pour que l'on réponde, voilà un brave! »

Deux jours après, il rendait les décrets suivans et témoignait ainsi sa reconnaissance à ses braves camarades.

Premier Décret.

« Les veuves des généraux morts à la bataille d'Austerlitz jouiront d'une pension de 6,000 francs leur vie durant; les veuves des colonels et des majors, d'une pension de 2,400 francs; les veuves des capitaines, d'une pension de 1,200 francs; les veuves des lieutenans et sous-lieutenans, d'une pension de 800 francs; les veuves des soldats, d'une pension de 200 francs. »

Second Décret.

Art. 1ᵉʳ. « Nous adoptons tous les enfans des généraux, officiers et soldats français morts à la bataille d'Austerlitz.

II. » Ils seront tous entretenus et élevés à nos frais; les garçons dans notre palais impérial de Rambouillet, et les filles dans notre palais impérial de Saint-Germain. Les garçons seront ensuite placés, et les filles mariées par nous.

III. » Indépendamment de leurs noms de baptême et de famille, ils auront le droit d'y joindre celui de Napoléon. »

Quelques jours encore après, il passa la revue de toutes les divisions de son armée et donna partout des marques de son contentement. A chacune il témoigna, dans ses ordres du jour, sa satisfaction de sa brillante conduite. Enfin, à la revue de la division Vendamme, il arrive devant le front du 1ᵉʳ bataillon du 4ᵉ de ligne, qui avait ployé un moment sous l'effort de la garde russe. Il s'arrête, son visage se rembrunit, il parcourt la ligne d'un coup d'œil irrité, et tout à coup il s'écrie brusquement : « Soldats, qu'avez-vous » fait de l'aigle que je vous ai donné? vous » m'aviez juré de la défendre jusqu'à la » mort. » Un silence profond répond seul à cette vive interpellation. Cependant le major du régiment s'avance. « Sire, dit-il, le porte-drapeau a été tué au moment de la charge : immédiatement après on nous a ordonné un mouvement sur la droite, et ce n'est qu'alors que nous nous sommes aperçus que notre drapeau avait disparu.-- Et qu'avez vous fait alors sans drapeau? reprend l'Empereur avec sévérité.-- Sire, ajouta le major, nous avons été chercher ceux-ci pour prier Votre Majesté de nous rendre une aigle en échange. Et deux grenadiers avancent portant chacun un drapeau enlevé à des régimens russes.

L'Empereur les considère et semble hésiter un moment. Enfin il s'adresse au régiment :
— Soldats, jurez-vous qu'aucun de vous ne s'est aperçu de la perte de son aigle? — Nous le jurons! répond le régiment en ier. — Jurez-vous, reprend l'Empereur, que vous seriez tous morts pour le reprendre si vous l'aviez su?

— Nous le jurons! répond encore le régiment. — Et vous garderez celle que je vous donnerai, car un soldat qui a perdu son drapeau a tout perdu. — Des cris tumultueux répondent encore : C'est un serment solennel et terrible à la fois. — Et bien! dit l'Empereur en souriant, je prends vos drapeaux et je vous rendrai votre aigle. »

Voilà quelle fut la conduite du seul corps qui ne fut pas irréprochable dans cette bataille. En toute autre occasion c'eût été de la gloire; à Austerlitz ce fut à peine une excuse.

RIVALITÉ DE MURAT ET DE DAVOUST.

RIVALITÉ DE MURAT ET DE DAVOUST.

Malgré l'opinion, un peu anti-française, de certain général qui se plaît à jeter sur Napoléon tout le blâme des désastres de la guerre de Russie, malgré son admiration pour toutes les défaites des Russes, durant la marche de l'Empereur jusqu'à Moscou, il est juste de reconnaître qu'il se trouve ailleurs que dans son imprudence et son incapacité des causes essentielles de nos malheurs, et que le grand homme ne fut pas si niais qu'on nous le montre. Peut-être les doléances de certains généraux qui ont l'air de croire que la guerre peut se faire sans bras coupés ni hommes tués, peut-être aussi la mollesse de quelques uns et la rivalité de quelques autres, n'ont-elles pas peu contribué à jeter le désordre et le découragement parmi notre armée. Voici une preuve fatale de cette rivalité qui laissait les soldats incertains, et qui leur enlevait souvent l'enthousiasme qu'il fallait à cette guerre.

Napoléon venait de mettre Davoust sous les ordres de Murat, qui commandait l'avant-garde de l'armée, et l'on était arrivé à

Slawkowe : c'était le 27 août. Le 28, Murat pousse l'ennemi au delà de l'Osma. Avec ses cavaliers il passe la rivière et attaque vivement les Russes, qui s'étaient logés sur une hauteur, de l'autre côté de l'eau, et qui pouvaient aisément y soutenir un combat opiniâtre ; ils le firent d'abord avec quelque succès, et Murat, voulant épargner, quoi qu'on dise, sa cavalerie dans un endroit dont le terrain était difficile, fit ordonner à une batterie de Davoust de soutenir son opération, et d'inquiéter l'ennemi sur ses hauteurs. Il attend quelques momens pour juger de l'effet de cette nouvelle attaque ; mais tout se tait, et les Russes, profitant de cette singulière inaction, se précipitent de leurs éminences et refoulent un moment la cavalerie du roi de Naples jusqu'aux bords de l'Osma, qui coule dans les creux d'un ravin, au fond duquel elle est menacée d'être précipitée. Murat soutient les soldats de ses paroles, de son exemple, et envoie un nouvel ordre au commandant de la batterie; mais, encore une fois, rien ne répond à cet ordre, et bientôt on apporte au roi la nouvelle que le commandant, alléguant ses instructions, qui lui défendaient, sous peine de destitution, de combattre sans l'ordre de Davoust, avait formellement refusé de tirer. Un moment de colère anime la figure du roi de Naples; mais un péril plus pressant l'appelle; les Russes continuent à presser la cavalerie. Il prend aussitôt le quatrième de lanciers, le précipite sur l'ennemi, et enlève en un moment les hauteurs que Davoust pouvait balayer avec son canon.

Le lendemain les deux lieutenans de Napoléon se trouvaient en présence de lui : le roi de Naples, fort d'avoir justifié sa témérité par un succès, le prince d'Eckmuhl, calme dans son opinion basée sur une science souvent éprouvée. Murat s'était plaint amèrement des ordres donnés par Davoust à ses subordonnés. L'Empereur l'avait écouté les mains derrière le dos, la tête légèrement penchée sur sa poitrine, cachant un air de satisfaction, et jouant du bout du pied avec un boulet russe qu'il faisait rouler devant lui, et qu'il suivait avec attention. Davoust irrité ne demeura pas sans réponse.

« Sire, dit-il en s'adressant à l'empereur, il faut déshabituer le roi de Naples de ces attaques inutiles et imprudentes qui fatiguent l'avant-garde de l'armée. Jamais on n'a prodigué si légèrement le sang des hommes ; et, croyez-moi, sire, ils sont bons à conserver dans une campagne telle que celle-ci.

» — Et le prince d'Eckmuhl a trouvé un excellent moyen pour cela, dit Murat avec dédain ; c'est d'empêcher ses soldats de se battre. Je croyais qu'il gardait cette recette pour lui. »

L'opiniâtre Davoust, qui avait assez prouvé qu'il était brave et qui voulait surtout prouver qu'il avait raison, s'adressa au roi d'un ton irrité, et lui dit :

« Et à quoi nous ont servi toutes vos attaques téméraires contre une armée qui opère une retraite savamment combinée et décidée d'avance, et contre une arrière-garde qui n'abandonne chacune de ses positions que lorsqu'elle est sur le point d'être battue!

» — Et pourriez-vous me dire, répondit le roi presque en ricanant, quand elle les abandonnerait, si on ne l'attaquait pas et si on ne la mettait pas sur le point d'être battue?

» — Elle abandonnerait quelques heures plus tard, s'écria Davoust, qui avait jugé sagement le plan du général russe, parce que cette retraite est un parti pris et invariablement arrêté qu'on exécutera sans combattre ou en combattant, selon ce que nous ferons. Que gagnons-nous donc à attaquer des troupes qui se retireront demain si on ne les met en fuite aujourd'hui ?

» — De la gloire! répliqua Murat.

» — Et nous y perdrons la moitié de l'avant-garde, continue aigrement Davoust, et nous arriverons sans cavalerie à Moscou, et nous verrons si la gloire du roi de Naples, sans un cavalier sous ses ordres, nous y sera d'un grand secours. »

Murat exaspéré l'interrompit violemment.

« Monsieur le maréchal, lui dit-il, vous ne trouveriez rien d'imprudent ni d'inutile dans ma conduite, si j'étais sous vos ordres, comme vous êtes sous les miens ; on sait que le prince d'Eckmuhl n'aime à obéir à personne ; qu'il lui plairait même assez d'être réputé le héros de cette expédition aux depens même des plus élevés ; mais je lui jure, moi, qu'il y a part pour tous ; qu'il tâche de trouver la sienne. »

Le reproche avait frappé juste ; Murat avait appuyé avec intention sur ces mots : *Le prince d'Eckmuhl n'aime à obéir à personne...* et Napoléon avait légèrement froncé le sourcil. Davoust, qui avait compris qu'il avait été attaqué d'un côté qui donnait prise, et pour une chose dont il était souvent accusé, même par l'empereur, Davoust se hâta de protester que c'était son dévouement seul qui le portait à parler et à agir comme il le faisait. Murat l'interrompit plus violemment encore :

« Alors, dit-il, c'est donc haine contre moi? eh bien! il faut en finir. Depuis l'Egypte c'est toujours ainsi ; j'en suis fatigué ; et si Davoust veut se rappeler qu'il a été soldat et moi aussi, s'il veut se rappeler qu'il porte un sabre et moi aussi..... Je lui donne...

A ces mots, Napoléon, jusque là indifférent à cette querelle, relève la tête, mesure Murat d'un regard qui fit expirer la parole sur ses lèvres, et lui dit, avec cet accent d'autorité qu'il prenait rarement, mais qui était invincible:

« Le roi de Naples n'a que des ordres à donner au prince d'Eckmuhl. »

Murat, satisfait de cette parole qui, malgré la dureté du ton, établissait son droit de commandement, se retira à son quartier-général. L'empereur, demeuré avec Davoust, lui parla doucement. Mais, mieux secondé dans sa marche ardente et dans son désir d'atteindre l'ennemi pour en obtenir une bataille, par l'impétuosité de Murat que par la sage réserve de Davoust, il lui représenta avec amitié: « Qu'on ne pouvait
» avoir tous les genres de mérite; que me-
» ner une avant-garde n'était pas diriger
» une armée, et que peut-être Murat avec
» son imprudence eût atteint Bagration que
» lui Davoust avait laissé échapper par sa
» lenteur. » Malgré la douceur avec laquelle l'empereur parla à Davoust, il fut blessé de ces reproches et il se retira à son tour plus

irrité que jamais contre le roi de Naples. Une heure après on fit dire à celui-ci qu'on renverrait en France le premier qui tenterait de pousser plus loin cette querelle.

Le lendemain Murat et Davoust, de concert et d'après l'ordre de l'empereur, s'emparent de Viasma. Mais le surlendemain le désaccord recommence, Murat retrouve l'ennemi devant lui, et sur-le-champ la pensée de combattre le saisit, l'ordre de l'attaque est donné. Sa cavalerie s'élance immédiatement sur celle des Russes; l'infanterie de ceux-ci la suit, Murat veut faire avancer la sienne, c'est-à-dire celle que Davoust commande sous ses ordres; il court vers la division Compans et se met lui-même à sa tête. Mais au même moment arrive le prince d'Eckmuhl, qui reproche amèrement à Murat le nouvel et inutile combat qu'il vient d'engager, et lui déclare qu'il ne soutiendra pas. Il défend à Compans de marcher; Murat renouvelle ses ordres : Davoust résiste plus violemment. A cette insulte la colère du roi de Naples, d'abord furieux, se calme soudainement, il en appelle à son rang, à son droit; Davoust n'en tient compte, et Compans incertain obéit aux ordres réitérés de Davoust, son chef immédiat. Alors le roi de Naples se tourne avec un calme inouï dans son caractère, et une dignité superbe, vers Belliard, son chef d'état-major.

« Belliard, lui dit-il, allez à l'Empereur, dites-lui de disposer du commandement de son avant-garde, dites-lui qu'il a un général de moins et un soldat de plus. Quant à moi je vais tirer ces braves gens de l'embarras où je les ai mis. »

Puis s'adressant à Davoust, il ajoute :

« Monsieur le maréchal, nous nous reverrons!

» — Sans doute, si vous en revenez, lui répond aigrement celui-ci, en lui montrant ses cavaliers presque en déroute.

» — J'en reviendrai, lui réplique Murat avec un regard où se peint toute sa résolution. »

Aussitôt, tandis que le prince d'Eckmuhl

se retire, Mura court à sa cavalerie, la rallie de la voix, lui montre au premier rang ces panaches hardis et ces dorures étincelantes qui appellent le danger; on l'entoure, on le défend, et comme il va en avant, il se trouve qu'on triomphe encore une fois.

« Ah! s'écrie Murat, la gloire en est encore à nous seuls! »

Il quitte à ces mots le champ de bataille et rentre dans sa tente. Il y entre seul, et, tout échauffé de son combat, la main tremblante encore des coups qu'il a portés, il écrit un billet sur un papier gaufré et parfumé. A cet instant Belliard arrive; Murat, sans l'interroger sur le résultat de son message, lui tend le billet.

« Belliard, lui dit-il d'une voix calme, portez ce billet à Davoust.

» — C'est un cartel? lui dit Belliard sans prendre le papier.

» — C'est un cartel, répond froidement le roi de Naples.

» — Je ne le porterai pas, réplique résolument Belliard. »

Ce fut comme une commotion électrique qui frappa Murat à cette réponse. Il se retourne vers son chef d'état-major, le visage plus étonné peut-être qu'irrité :

« Et vous aussi! lui dit-il d'une voix sourde et que la colère arrêtait.

» — Sire, sire, s'écrie Belliard, vous ne me rendrez pas complice de votre perte; l'empereur est résolu, et votre renvoi suivra votre première menace.

» — Eh bien! qu'il me renvoie; il y a à mourir ailleurs qu'ici, répond avec fureur le roi de Naples. Il oublie son armée d'Espagne, qu'il me la donne, qu'il me donne un régiment, qu'il me laisse soldat s'il veut; je lui dois mon sang, ma vie, mais mon honneur, il est à moi. Belliard! entends-tu, Belliard, que mon honneur est à moi et que j'étais brave avant qu'il fût empereur... Va porter ce billet, te dis-je...

» — Sire, répond vivement Belliard, vous lui devez aussi une couronne, une couronne dont vous ne devez pas compromettre la dignité contre un officier de l'empire...

» — Une couronne! interrompit Murat de plus en plus exaspéré; et cette couronne m'a-t-elle empêché d'être insulté en face, m'a-t-elle fait respecter. Voici, ajouta-t-il avec une joie cruelle, et en saisissant son sabre et ses pistolets, voici qui m'a fait respecter toute ma vie et qui ne m'abandonnera pas... Va donc! Belliard, va donc!

» — Vous êtes roi, lui répond le général, et Davoust refusera.

» — Alors, s'écrie Murat, ce sera un lâche...

» — Ce n'est pas vrai, réplique soudainement Belliard en regardant fièrement le roi de Naples. »

Murat tenant un sabre et des pistolets ; à ce démenti il considéra un moment d'un air de stupéfaction son chef d'état-major, calme et résolu devant lui. Tout à coup le visage du roi change d'expression ; la colère l'abandonne, une douleur terrible en détend la hautaine majesté, et Murat jette avec violence ses armes ; il les brise, il déchire ses habits, il arrache ses somptueux ornemens, il les foule aux pieds ; il veut parler, il suffoque, il pleure :

« Tu a raison, crie-t-il, Belliard ; ce n'est pas un lâche, et il refusera. C'est moi qui suis un misérable roi qui ne peux rien, un roi que peut souffleter le dernier soldat! » Et de grosses larmes roulent dans les yeux du héros, et il laisse tomber sa tête dans ses mains. Belliard profite de ce moment de faiblesse pour lui faire de sages représentations; il le calme, flatte son orgueil, excite son courage et finit ainsi :

« — Et si l'empereur donne à Davoust le commandement de l'avant-garde, sire, il fera tout ce que vous auriez fait. »

Cette supposition réveille Murat de sa douleur, il se lève, il parcourt sa tente, et son œil sec et brillant lance des éclairs.

« Oui, oui, dit-il avec feu, je resterai. On ne se bat qu'ici, ici seulement on fait la guerre : eh bien ! je la lui arracherai. Tout pour moi, rien pour lui, pas une escarmouche, Belliard, je te jure qu'il ne verra pas un ennemi. »

Et il sort de sa tente et court à un avant-poste.

Maintenant nous le demandons au général historien, que de malheurs ont pu résulter de pareilles dispositions dans de tels hommes?

INAUGURATION DE L'ARC DE TRIOMPHE.

INAUGURATION

DE L'ARC DE TRIOMPHE DE L'ÉTOILE,

29 JUILLET 1836.

Le matin de ce jour, la population se porta vers les Champs-Elysées. D'abord elle regarda en courant cette longue file de colonnes et de guirlandes de planches qui devaient s'éclairer le soir et border de feu la large avenue qui mène à l'arc de l'Etoile; puis, arrivée au but, elle s'arrêta et considéra avec stupéfaction le géant de pierre dépouillé de ses langes de bois.

Personne, tant qu'il était resté enveloppé de ses barricades et de ses échafaudages, ne s'était imaginé la taille du monument ; nul ne s'était figuré son aspect souverain et sa majesté colossale. Aussi l'effet de son apparition parmi nous a été merveilleux. A voir les pensées et l'émotion qu'il faisait naître dans la foule, tout déserté qu'il fût des pompes triomphales qu'on lui avait promises, on sentait de quel élan eût battu le cœur de la France si on l'eût conviée à une fête solennelle d'inauguration.

Ç'a été une grande faute de découvrir l'arc de triomphe, si on ne voulait pas l'inaugurer. Il ne fallait montrer au peuple français la hauteur de ces portes que pour lui dire que lui seul était encore assez grand pour y passer sans paraître petit. Mais on a humilié la nation devant elle-même en faisant de l'arc de l'Etoile une vaine décoration de théâtre qui manque d'acteurs à sa taille. Ce dernier rejeton de l'empire, cet enfant posthume de la gloire de nos pères, n'a pas trouvé des bras assez forts pour le présenter aux fonts baptismaux de la patrie. Ce fils qu'ils nous avaient légué, nous l'avons nourri, mais nous ne l'avons pas adopté; il vit, mais c'est un orphelin sans nom.

Tout cela se disait et se pensait autour de

l'arc de l'Etoile, et quand la nuit est venue, on a regardé en pitié cette double ligne de feu dont on l'avait couronné ; comme pour l'essayer, comme si la capitale de la France ne s'était enrichie que d'un large monument bien posé pour servir de perspective à une avenue, et qui sera d'un très bon effet pour terminer une illumination de verres de couleur.

Aussi pourrait-on penser que le hasard a été juste en éteignant cette fête de lampions qu'on avait allumés dans les Champs-Elysées. En vérité, qu'on nous pardonne de nous être laissé dominer par cette foi superstitieuse qui courait parmi le peuple, pendant qu'il cherchait la fête de sa gloire, la tête sous la pluie et les pieds dans la boue :

il disait que l'ombre de son empereur s'était levée debout sur le monument, et avait soufflé sur tous ces feux, qui n'éclairaient que la peur publique.

En effet, le peuple se souvenait si bien que le soleil obéissait à la fortune de Napoléon et de ses armées, qu'il ne doutait pas que si l'on eût dit tout haut à l'orage que ce jour leur était consacré, l'orage n'eût fait comme autrefois, et n'eût reculé devant eux.

Mais nulle voix ne s'est trouvée assez forte pour le dire, et le jour, comme on sait, n'appartient pas aux morts. Dans toutes les croyances où la foi humaine les a mêlés aux choses de la terre, elle ne leur a laissé que la nuit; la nuit aux fantômes sanglans qui se dressent au chevet du lit des coupables, la nuit aux ombres amies qui viennent s'asseoir au pied de notre couche pour nous consoler ; la nuit à Napoléon et à ses armées pour venir saluer leur monument, et y passer leur silencieuse revue.

C'est pour cela que la fête qui n'a pas eu lieu durant le jour et parmi les vivans s'est célébrée la nuit et entre les morts.

En effet, toutes les lumières éparses dans cette vaste enceinte ont disparu une à une, la foule s'est retirée triste et mécontente ; le bruit de ses mille pieds, le murmure de ses mille voix s'est lentement effacé ; et puis quand la solitude a été complète et le silence profond, un bruissement nouveau a glissé dans l'air comme le vol d'un oiseau ; et une ombre colossale s'est posée au sommet de l'arc de triomphe. Autour d'elle voltigeait silencieusement le manteau bleu de Marengo et de Saint-Hélène ; elle portait ce chapeau à forme basse et à large envergure, qui, dans l'ombre, semblait un aigle accroupi avec ses ailes déployées ; le front penché en avant, elle laissait tomber ses regards sur la terre, et la fauve clarté qui descendait de ses larges prunelles enveloppait le monument comme d'un suaire de feu.

Alors une voix s'est fait entendre, qui a passé dans le silence, comme cette lueur dans les ténèbres, sans s'y mêler.

— A moi, mon fils ! a-t-elle dit.

Et le tombeau prisonnier de Schœnbrunn s'entr'ouvrit comme la fosse captive de Sainte-Hélène.

C'était pour l'ombre du père et du fils deux bans à rompre : celui de la mort et celui de l'exil. Cette nuit tous deux ont secoué cette double chaîne ; et l'un, parti de Vienne, l'autre de Sainte-Hélène, se sont rencontrés debout sur l'arc de triomphe.

Puis Napoléon a tiré son épée, et frappé du talon de sa botte le faîte du monument.

— A moi ! à moi ! mes braves généraux et mes braves soldats, a-t-il ajouté ; venez montrer à mon fils l'empire que je lui avais fait, et qu'il n'a pas connu.

—Comme à la parole de Dieu le monde

sortit du néant, tous ces vieux soldats sortirent de la tombe, à l'ordre de leur empereur, obéissans et empressés.

— En bataille! mes braves, en bataille? dit l'ombre de Napoléon.

Et tous se sont rangés le long de cette large avenue déserte, et à la place 'de ces guirlandes éteintes. Alors l'empereur a levé les yeux, et son regard, s'allongeant jusqu'à l'extrémité de cette ligne, a éclairé ces six cent mille hommes morts, portant tous au front, non plus le numéro de leur régiment mais le nom d'une victoire. Ces six cent mille hommes lui présentèrent les armes; et l'empereur les salua. Puis il reprit encore:

— Vois-tu, mon fils Napoléon, voilà l'avenue qui menait autrefois à mon palais des Tuileries. J'ai passé vivant parmi tous ces héros vivans. Ecoute et regarde ; je vais te les nommer et te les montrer.

Alors, appelant au loin, il ajouta :

— A moi, mon fidèle Berthier, à moi ! viens commander la manœuvre, et faire défiler mes beaux régimens.

Et Berthier, s'étant placé à la droite de Napoléon, donna le signal du défilé, les tambours se mirent en tête, les musiques s'accordèrent, les trompettes soufflèrent dans leurs instrumens de cuivre, les timbaliers frappèrent leurs caisses, les chevaux se cabrèrent en hennissant, et tout cet appareil guerrier se mit en mouvement, sans que l'oreille humaine entendit le bruit de ces pas de géans, ni l'harmonie de ces marches triomphales, car c'était la revue des morts qui commençait, et les vivans étaient éclus. Enfin les premiers soldats arrivèrent sous l'immense voûte.

— Regarde, regarde, mon fils Napoléon : voici Desaix, le sultan juste, qui est mort en me donnant une victoire pour gage d'adieu. Voici Kléber, le dur soldat, qui n'a baissé le front que devant moi, le seul à qui j'aie osé confier l'Egypte et qui me l'eût gardée, si le poignard n'eût fait ce que n'avait pas osé le canon qu'il avait tant de fois abordé en face.

Kléber et Desaix passèrent et des milliers de soldats après eux, avec leur uniforme déchiré et le pantalon rayé tricolore, et Napoléon continua :

— Vois-tu celui qui me tend la main? c'est Lannes, mon soldat et mon ami. Salut, salut, mon vaillant soldat, tu portes les drapeaux de Lodi, et tu tiens le sabre d'honneur de Marengo ; dis à la garde consulaire que je suis content d'elle.

Lannes passa et des milliers de soldats après lui, et Napoléon continua :

— Regarde, mon fils, regarde comme ils passent! Voici Augereau, l'enfant du faubourg Saint-Marceau, le duc de Castiglione;

il porte aussi un drapeau ; ce n'est pas, comme ceux de Lannes, un drapeau qu'il a pris à l'ennemi ; c'est le sien, à qui il fit traverser le pont d'Arcole, c'est son drapeau que la France lui a rendu tout criblé de mitraille, ne sachant à qui le confier après lui.

Augereau passa, et des milliers de soldats après lui, et Napoléon continua :

— Celui-là qui vient ensuite, c'est Lefebvre ; tu vois tous ces soldats qui marchent à sa suite d'un pas infatigable : c'est ma vieille garde, ma garde d'Iéna. Salue ce noble soldat, mon fils ; lui seul peut-être n'a légué à ses héritiers que l'or dont j'avais galonné son habit de maréchal. Près de lui un simple capitaine, Chambure, qui défendit avec tant d'audace la ville que Lefebvre avait prise avec tant de courage.

Et comme Lefebvre était passé, le jeune Napoléon s'écria.

— Qu'est cela, mon père, qu'est cela ?

— Ce sont mes braves grenadiers; Oudinot n'est pas à leur tête; Oudinot est enseveli dans sa vie plus profondément que nous dans notre tombe.

— Et ceux là qui viennent ensemble?

— Les deux Kellermann, le père et le fils, le seul père qui ait mérité, sans moi, la couronne de duc que je lui ai donnée ; le seul fils qui ait mérité sous moi de porter la couronne que j'avais donnée à son père.

Les deux Kellermann passèrent, et Napoléon ajouta, en montrant du doigt ceux dont il parlait :

— Là, dans cette voiture, blessé comme il était à Wagram, Masséna, à qui j'ordonnais de vaincre et qui était toujours vainqueur ; à côté de lui c'est Rampon, et après Rampon, l'invincible 32ᵉ demi-brigade, une citadelle de braves, commandée par le plus brave, le bouclier de mes armées porté par un bras de fer.

— O mon père ! comme ils passent vite

tout sillonnés de glorieuses blessures ! à peine m'en avez-vous nommé un sur cent de tous ces illustres généraux.

— C'est que la nuit est courte et que l'heure vole. Pressez vos rangs, mes soldats, que je vous voie tous avant le jour.

Et l'armée défilait rapidement, sortant de l'ombre, rentrant dans l'ombre, et à chaque division, à chaque bataille qui traversait la porte immense, un houra s'élevait, disant : Vive l'empereur !

Ils virent ainsi passer les chasseurs, avec leurs colbaks aux flammes penchées, les escadrons de Polonais hérissés de lances, les hauts grenadiers sur leurs grands chevaux de bataille, les légers vélites et les lourds dragons courant sur les pas de Bessières.

Puis, c'étaient des soldats aux traits basanés par le soleil d'Espagne, vainqueurs à Sarragosse, à Lérida, à Badajoz, à Tarragone, à Tudela, à la Corogne, et à leur tête Pérignon, Suchet, Junot, Dugommier, ceux qui surent combattre sans être guidés par le maître de la victoire. Et comme l'empereur et son fils les regardaient passer sans cesse ainsi que les flots d'une mer à qui on a livré une vaste écluse, le jeune Napoléon dit à son père :

— Et celui-ci qui porte tant de gloire sur son front modeste et qui pleure en vous tendant les bras, quel est-il, mon père?

— C'est mon premier fils ; celui-là, c'est ton frère Eugène Beauharnais, celui qui s'était donné à moi au point de bénir le jour où tu es né, le jour qui lui enlevait une couronne. Sous ce titre de vice-roi, regarde, il y a un cœur de citoyen; sous cet uniforme si bravement porté, l'ame d'un sage ; sous ce dévoûment de soldat, le cœur et la tendresse d'un fils. Admire-le, enfant, puisque tu n'as pu l'imiter.

Mais comme Napoléon disait cela, voici un tourbillon de poussière qui s'élève, et son fils s'écrie :

— Voyez, mon père, voyez ce cheval qui se cábre et qui bondit, ce sabre qui luit comme un éclair, ce panache qui domine la foule comme un drapeau.

— Ah ! c'est Murat ; le voilà, mon lion à la crinière ondoyante, mon lion, qui se battait seul contre des nuées d'ennemis. Doucement, doucement, mon beau soldat ! pourquoi courir ainsi devant toi ? tu n'as plus six cents lieues de pays à conquérir au galop ; pourquoi parles-tu à tes cavaliers et éperonnes-tu ton cheval ? il n'y a pas d'ennemis derrière cette porte. Ne baisse pas ainsi la tête pour passer sous la voûte ; si grand que tu sois et que je t'aie fait, je l'ai faite encore plus haute que toi, roi Murat, brave Murat, soldat à couronne. Ne regarde pas d'un œil farouche ton vieil ennemi Davoust ; ne lui montre pas la pointe de ton sabre, et ne lui fais pas signe de venir se battre à l'écart. Ecoute Belliard, qui te dit qu'un roi ne jette pas son sang à un duel ; et parce que tu gouvernes la mort, parce que tu la braves à toute heure, ne méprise pas celui qui s'était fait avare du sang de ses soldats.

— Et quel est celui qui vient après eux, pâle et triste, et laissant pendre le long de sa cuisse le sabre recourbé que son bras ne peut plus soutenir?

— C'est Poniatowski, l'enfant sans patrie, qui avait adopté la patrie la plus brave pour se croire encore dans la sienne; c'est Poniatowski, le Polonais, l'intrépide.

— Et celui qui traîne à sa suite les prisonniers de toutes les batailles?

— C'est Rapp, toujours blessé et toujours guéri la vielle de la victoire, qui a arrosé les champs de bataille de plus de sang qu'il n'en faudrait à la vie de dix hommes. Et maintenant, mon fils, incline-toi et fléchis le genou.

Le jeune Napoléon obéit; et Napoléon ajouta, en lui montrant au loin une ombre qui dominait toutes les autres :

— Voici Ney. Avant que je lui eusse donné le titre de duc, il s'appelait l'infatigable; avant que je l'eusse appelé prince, il se nommait le brave des braves.

Et s'adressant à lui, l'empereur continua d'une voix basse : — D'où viens-tu, mon brave Ney, ainsi pâle et couvert de sang ? Est-ce de la Moscova, où tu promenas ta division par le champ de bataille, comme une massue de géant renversant les corps d'armée à chaque coup que tu frappais? reviens-tu de ta longue marche à travers les déserts et la faim? Ne sois pas ainsi abattu, mon brave Ney, tu sais bien que je vais à toi, et que j'ai pris mon bâton pour aller te chercher à pied dans la neige. Quoi! rien ne peut te rendre l'audace de tes jours de combats. Quelles sont donc, juste ciel! ces douze blessures que tu n'as pas rapportées de tes vingt-deux campagnes? Ah! je vois, les balles des vétérans de mon armée ont ouvert et percé cette noble et fière poitrine, qu'avaient respectée vingt batailles rangées et soixante combats. Regarde-le, mon fils, il est mort comme un coupable, ce grand guerrier qui était un ami, et ce n'est pas le seul, parmi ceux qui passent, qu'on m'a tué ainsi. Vois-tu Labédoyère, mon jeune brave colonel? ils l'ont tué! vois-tu Brune, vois-tu Ramel? vois-tu les frères Faucher? la dernière goutte de tout le sang qu'ils avaient versé pour la France, c'est la France qui l'a versée. Mais levez le front, mes braves héros, l'heure est venue où le supplice vous est compté comme une victoire ; levez le front, et lisez vos noms que je consacre à l'immortalité.

Et Napoléon ayant baissé son épée jusque sous la voûte, l'éclair de gloire qui en jaillit fit lire à tous les héros leurs noms gravés dans la pierre, et plus profondément encore gravés dans l'histoire ; et les morts virent ainsi ce que n'ont point vu les vivans.

Puis le jour est venu, et avec les ombres du ciel se sont enfuies les ombres de la tombe, et la sentinelle qui veillait à la porte de l'Arc a raconté comment durant toute la nuit le vent avait gémi avec de longs sifflemens à travers les feuillages des Champs-Elysées et sous les voûtes de l'Arc de Triomphe.

TABLEAU

CHRONOLOGIQUE

DE

L'HISTOIRE DE NAPOLÉON.

TABLEAU

CHRONOLOGIQUE

DE

L'HISTOIRE DE NAPOLÉON,

POUR

SERVIR DE COMPLÉMENT

AU TEXTE

DE LA LANTERNE MAGIQUE.

Par E. Delabédollierre.

1769—1821.

TABLEAU

CHRONOLOGIQUE

DE

L'HISTOIRE DE NAPOLÉON.

1769. 15 août. — Napoléon Bonaparte (ou Buonaparte), fils de Charles-Marie Bonaparte et de Letizia Ramolino, naît à Ajaccio (Corse), le jour de l'Assomption.

La famille Bonaparte était d'origine toscane. Quelques curieux en ont dressé la généalogie : peine inutile ; car Napoléon a prouvé mieux que personne que la noblesse est dans l'ame et non dans le blason.

La gloire des généraux de l'empire est rehaussée par l'obscurité de leur origine. Les capitaines des époques précédentes, appelés au commandement dès le berceau, avaient une grandeur indépendante de leur capacité personnelle ; illustres avant d'avoir rien fait pour le devenir, ils étaient dispensés de mériter le rang élevé qu'ils occupaient. La société, en leur conférant d'importantes fonctions, n'examinait point si la nature les avait mis à même de les remplir.

Mais les hommes dont les noms retentissent dans les fastes militaires du dix-neuvième siècle, sortis de la foule, grands par leur propre valeur, achetaient au prix de leur sang le droit de mener leurs camarades à la victoire. Destiné par sa position sociale à végéter au fond d'une province reculée, Napoléon dut à la révolution et à son génie une gloire qui égale celle de Charlemagne, un empire dont l'Europe entière fut vassale.

Napoléon eut quatre frères : Joseph, Lucien, Louis, Jérôme ; et trois sœurs : Elisa, Pauline, et Caroline. Leur oncle, l'archidiacre Lucien, comprenait la supériorité de Napoléon sur le reste de sa famille, quand, à son lit de mort, il disait à ses parens assemblés « Vous n'avez pas besoin de songer à la fortune de Napoléon ; il la fera lui-même. Joseph, tu es l'aîné de la famille ; mais souviens-toi toujours qu'il en est le chef. »

1779. Avril. — Charles Buonaparte, nommé député de la noblesse des états de Corse, vient à Paris avec

Napoléon, et, par la protection de M. Marbeuf, qui avait été commandant militaire de la Corse en 1769, le fait admettre à l'école militaire de Brienne, où il entre à l'âge de neuf ans cinq mois et cinq jours.

1783. — Le chevalier de Kéralio, inspecteur des douze écoles militaires, accorde à Napoléon une dispense d'âge pour être admis à l'école de Paris ; les moines de Brienne voulaient le garder encore un an pour le perfectionner dans le latin. « Non, dit M. de Kéralio, j'aperçois dans ce jeune homme une étincelle qu'on ne saurait trop cultiver. »

Une note manuscrite de M. de Kéralio, conservée par le maréchal de Ségur, alors ministre de la guerre, contient les détails suivans :

ECOLE DE BRIENNE.

ÉTAT DES ÉLÈVES DU ROI SUSCEPTIBLES PAR LEUR AGE D'ENTRER AU SERVICE OU DE PASSER A L'ÉCOLE DE PARIS ;

Savoir :

M. de Bonaparte (Napoléon), né le 15 août 1769, taille de quatre pieds dix pouces dix lignes, a fait sa quatrième ; de bonne constitution, santé excellente, caractère soumis, honnête et reconnaissant ; conduite très régulière ; s'est toujours distingué par son application aux mathématiques : il sait très passablement son histoire et sa géographie : il est assez faible dans les exercices d'agrément et pour le latin, où il n'a fait que sa quatrième : ce sera un excellent marin ; mérite de passer à l'école de Paris.

Cette note, dont la conclusion fut adoptée par M. Renaud, successeur de M. de Kéralio, décida de l'admission de Napoléon à l'école de Paris. Il avait passé à Brienne cinq ans sept mois et vingt-sept jours.

Le futur consul et empereur eut pour professeur de mathématiques, à l'école royale de Brienne, Pichegru, futur général en chef des armées de la république française.

Napoléon a dit à Sainte-Hélène : « Je n'ai été qu'un enfant curieux et obstiné. » Il est certain toutefois qu'il montra dès ses premières années les plus brillantes dispositions. On sait que, voulant joindre la pratique à la théorie de l'art militaire, il dirigeait la construction de fortifications en neige, qu'on attaquait avec une artillerie de même nature que les murs de la place.

1784. 17 octobre. — Napoléon entre à l'école militaire de Paris à l'âge de quinze ans deux mois deux jours.

Il ne se distingua pas moins qu'à Brienne. De l'Eguille, son professeur d'histoire, disait de lui : « Corse de nation et de caractère, il ira loin si les circonstances le favorisent. »

1785. 1er septembre. — Napoléon est admis en qualité de lieutenant au 4e régiment d'artillerie.

On cite de lui une réponse caractéristique qu'il fit à une dame de Valence. Cette dame, entendant vanter les exploits de Turenne, se mit à dire : « Oui, c'était un grand homme; mais je l'aimerais mieux s'il n'eût point brûlé le Palatinat.—Qu'importe? reprit vivement le jeune lieutenant, si cet incendie était nécessaire à ses desseins. »

1786. — Napoléon remporte le prix proposé par l'académie de Lyon sur cette question : Quels sont les principes et les institutions à inculquer aux hommes pour les rendre le plus heureux possible ?

1789. — Prise de la Bastille. Commencement de la révolution française.

1790. — Napoléon, en garnison à Auxonne, adresse

une lettre à M. de Buotafuoco, député de la noblesse corse à l'Assemblée constituante. Cette lettre, qui avait pour but d'attaquer la conduite politique d'un représentant infidèle, fut imprimée à cent exemplaires, et publiée par la société patriotique d'Ajaccio.

1792. 6 février. — Napoléon est nommé capitaine d'artillerie, et, peu de temps après, commandant temporaire de l'un des bataillons levés en Corse pour reprimer les tentatives du parti de l'étranger.

Napoléon se trouvant à Marseille dans une maison où était M. Dupuis, maître de pension, la conversation tomba sur les malheurs attachés à la couronne dans les temps de révolution. « Savez-vous pourquoi les rois sont à plaindre? dit tout à coup Bonaparte. — C'est peut-être vous qui nous le direz, répliqua M. Dupuis. — Oui, monsieur, continua le jeune homme, et j'ose vous assurer que votre pensionnat est plus difficile à conduire que le premier royaume du monde. La raison est que vos élèves ne vous appartiennent point, et qu'un roi qui veut fortement l'être fut toujours le maître de ses peuples. » Tout le monde se récriant : « Criez tant que vous le voudrez, ajouta-t-il; si j'étais roi, je vous prouverais ce que j'avance. »

Pendant son séjour en Corse, Napoléon lisait l'histoire de Cromwell; son oncle, le cardinal Fesch, lui demanda un jour ce qu'il en pensait. « Cromwell, dit-il, est un bon ouvrage, mais il est incomplet. » L'oncle, qui croyait que le jeune homme parlait de l'histoire même, lui demanda quelle faute il reprochait à l'auteur. « Morbleu ! lui repliqua vivement Napoléon, ce n'est pas du livre que je vous parle, c'est du personnage. »

20 avril. — La France déclare la guerre à l'Autriche.

10 août. — Les sections de Paris se declarent en insurrection, attaquent les Tuileries et renversent Louis XVI.

Bonaparte etait en curieux parmi les assaillans. Il sentit de quelle importance pouvaient être pour sa fortune future les évènemens qui se préparaient. Il écrivait à son oncle Paravicini : « Ne soyez pas inquiet de vos neveux, ils sauront se faire place. »

Les sentimens dont Napoleon était alors anime sont consignés dans une lettre qu'il adressait, le 27 juillet 1791, à M. Naudin, commissaire des guerres. Cette lettre curieuse, dont l'original est resté entre les mains des héritiers de madame veuve Naudin, a été publiée par les auteurs de l'*Histoire parlementaire*. La voici, avec les fautes d'orthographe qu'a entrainées la rapidité de la rédaction.

« MONSIEUR,

» Tranquil sur le sort de mon pays et la gloire de mon ami, je n'ai plus de sollicitude que pour la mère-patrie. C'est à en conférer avec vous que je vais employer les momens qui me restent de la journée. S'endormir la cervelle pleine de la grande chose publique, et le cœur ému des personnes que l'on estime et que l'on a un regret sincer d'avoir quittés, c'est une volupté que les grands épicuriens seuls connaissent.

» Aura-t-on guerre?... se demande-t-on depuis plusieurs mois. J'ai toujours été pour la négative. Jugez mes raisons.

» L'Europe est partagée par des souvrains qui commandent à des hommes, et par des souvrains qui commandent à des beufs ou à des chevaux.

» Les premiers comprennent parfaitement la révolution; ils en sont épouvantés, ils feraient volontiers des sacrifices pécuniaires pour contribuer à l'anéantir : mais il n'oseront jamais lever le masque, de peur que le feu ne prenne pas chez eux... Voilà l'histoire de l'Angleterre, de la Holande, etc.

» Quant aux souvrains qui commandent à des chevaux, ils ne peuvent saisir l'ensemble de la constitution;

ils la méprise, ils croyent que ce cahos d'idée incohérentes entraînera la ruine de l'empire franc... A leur dire, vous croyriez que nos braves patriotes vont s'entrégorger, de leur sang purifier cette terre des crimes commis contre les rois, et ensuite plyer la tête plus bas que jamais sous le despot mitré, sous le faquir cloîtré, et surtout sous le brigand à parchemins. Ceux-ci ne feront donc aucun mouvement ; ils attendent le moment de la guerre civile, qui, selon eux et leur plats ministres, est infaillible.

» Ce pays est plein de zèle et de feu..... Dans une assemblée composée de vingt-deux sociétés des trois départemens, l'on fit, il y a quinze jours, la pétition que le roi fut jugé.

» Mes respect à madame Renaud et à M. et madame de Goy. J'ai porté un toste aux patriotes d'Auxonne, lors du banquet du 14. Ce régiment-ci est très sûr, les soldats et sergens, et la moitié des officiers. Il y a deux places vacantes de capitaine.

» Respect et amitié.

» Votre serviteur,

» BUONAPARTE.

» Le sang méridional qui coule dans mes veines va avec la rapidité du Rhône ; pardonnez donc si vous prenez de la peine à lire mon griffonnage.

» Valence, le 27 juillet. »

22 septembre. — La Convention nationale ouvre ses séances, et proclame le gouvernement républicain.

Au mois de septembre 1792, Bonaparte alla visiter son pays natal. Il le trouva agité par une faction qui bientôt livra la Corse aux Anglais, et proscrit avec toute sa famille, il s'embarqua pour la France.

Le général Paoli, chef du parti opposé à la France, disait de son compatriote Bonaparte : « Ce jeune homme est taillé à l'antique ; c'est un homme de Plutarque. »

1793. — Bonaparte publie à Avignon, chez Sabin Tournal, le *Souper de Beaucaire*, brochure politique.

Il est employé au siége de Lyon sous le général Kellermann.

17 décembre. — Prise de Toulon.

Une faction avait ouvert Toulon aux Anglais (27 août). Pendant les mois de septembre et d'octobre, deux corps d'armée, de quatre mille hommes chacun, aux ordres des généraux Cartaux et Lapoype, formèrent le blocus de la place.

Le 12 septembre, Bonaparte arrive au Beausset, quartier-général de Cartaux. Il venait d'être nommé chef de bataillon, sur la recommandation du représentant du peuple Salicetti, et fut chargé de commander l'artillerie de siége, en l'absence du général Dammartin, chef de cette arme.

Vers la fin de novembre, les forces de l'armée de siége furent portées à vingt-huit mille hommes, dont le général Dugommier prit le commandement ; celles des assiégés s'élevaient à quinze mille hommes, Anglais et Espagnols.

A son arrivée, Dugommier convoqua un conseil. Bonaparte fit décider qu'on commencerait l'attaque par une redoute surnommée le *Petit Gibraltar*. En effet, ce poste occupé, les escadres ennemies ne pouvaient plus mouiller dans la rade, sans s'exposer à être brûlées.

A la faveur de quelques oliviers, Bonaparte s'approcha très près du fort Malbresquet, et plaça sur la colline des Arènes une batterie de six pièces de 24.

Un commissaire de la Convention voulut blâmer la position des pièces : « Citoyen, lui dit le jeune commandant, faites votre métier de député; laissez-moi faire le mien d'artilleur. La batterie restera là ; je réponds du succès. »

Le 30 novembre, six mille Anglais, commandés par le général O'Hara, firent une sortie, s'emparèrent de la batterie, et commencèrent à enclouer les pièces. Bonaparte accourt à la tête d'un bataillon, se jette dans un boyau qui conduisait à la batterie, ordonne tout à coup le feu, et, par son apparition subite, répand la terreur au milieu des Anglais. Le général O'Hara, blessé à la main, fut pris dans le boyau par un sergent, et ses troupes se retirèrent.

Ce fut à Toulon que Bonaparte se lia avec Junot, depuis duc d'Abrantès, et l'un de ses meilleurs généraux. Un matin, il demande, pour dicter, un homme qui sût écrire. Junot, sergent du bataillon de la Côte-d'Or, sort des rangs, et se met à écrire sur l'affût d'un canon. Un boulet tombe auprès de lui, et couvre de terre le papier sur lequel il écrivait. « Bon ! dit-il, je n'aurai pas besoin de sable. » La batterie des *Arènes* était constamment exposée au feu de l'ennemi. Afin d'encourager les canonniers, Bonaparte y fit placer par Junot un écriteau sur lequel on lisait : *Batterie des hommes sans peur.* Et depuis tous se disputèrent l'honneur de servir à ce poste périlleux.

Dans la nuit du 16 au 17, par un temps d'orage, le Petit Gibraltar et le fort l'Aron furent emportés d'assaut. Dans la journée du 18, les Anglais évacuèrent les autres forts, et abandonnèrent la ville, après avoir mis le feu à l'arsenal, aux magasins de mâture et aux vaisseaux désarmés. L'incendie fut eteint par les forçats du bagne de Toulon, qui, après avoir sauvé au péril de leur vie les principaux établissemens maritimes, reprirent les chaînes dont leur dévoûment venait d'effacer l'opprobre.

Les commissaires de la Convention, présens à la prise de Toulon, étaient Fréron, Ricord, Barras, Robespierre jeune et Salicetti.

'. Bonaparte se distingua à l'assaut du fort de Faron. Il ne se borna point à ordonner le feu; il remplaça successivement deux canonniers qui avaient succombé. Dugommier demanda pour lui le grade d'adjudant-général, chef de brigade, et dit aux représentans du peuple : « Que ce jeune homme fixe votre attention; il ira loin, et, si vous ne l'avancez pas, je vous réponds qu'il saura bien s'avancer lui-même. »

1794. Janvier et février. — Bonaparte, nommé général de brigade, est chargé de faire exécuter des travaux de défense sur les côtes de l'Océan.

Avril. — Bonaparte sert à l'armée d'Italie sous les ordres du général Dumerbion.

29 avril. — Il se distingue à la prise de Saorgio, dans le comté de Nice. Le général en chef Dumerbion écrit au comité de la guerre : « C'est au talent du général Bonaparte que je dois les savantes combinaisons qui ont assuré notre victoire. »

27 juillet (9 thermidor an 11). — Chute du parti démocratique de la Convention. En apprenant cet évènement, Bonaparte voulait marcher sur Paris avec ses troupes. Proscrit pour ses opinions révolutionnaires, il fut gardé à vue au quartier-général de Nice.

On l'accusait d'avoir eu des relations d'amitié avec Robespierre jeune ; d'avoir proposé le plan *liberticide* d'élever une muraille crénelée autour des magasins d'armes et de poudre de Marseille, qui n'étaient point à l'abri d'un coup de main ; d'avoir, dans un récent voyage à Toulon, favorisé l'évasion de plusieurs émigrés de la famille de Chabrillant, pris sur un bâtiment espagnol par un corsaire français.

1795. — Par une basse jalousie, Aubry, ancien capitaine d'artillerie, chef du comité de la guerre, retira à Bonaparte son grade, et lui offrit celui de chef de brigade dans l'armée de l'Ouest. Il donnait pour prétexte la jeunesse du général. « On vieillit vite sur le champ de bataille, et j'en arrive, lui dit Bonaparte. » Ses représentations furent inutiles.

Privé de son emploi, Bonaparte se logea avec ses amis, Junot et Sebastiani, dans un petit appartement de la rue de la Michodière. Après avoir épuisé toutes ses ressources, il vendit, pour vivre, une précieuse collection d'ouvrages militaires qu'il avait rapportée de Marseille. Il ne pouvait guère prévoir qu'un jour il aurait à sa disposition tous les trésors de l'Europe.

30 août. — Un décret statue que les deux tiers de la prochaine législature seront pris dans la Convention.

23 septembre. — Constitution dite de l'an III. Elle confiait le gouvernement à un corps législatif divisé en deux conseils, celui des *Cinq-Cents* et celui des *Anciens*, et à un directoire exécutif de cinq membres.

5 octobre (journée du 13 vendémiaire an III). — Le décret du 30 août avait excité le mécontentement de trente-trois des sections de Paris. Bientôt quarante mille hommes s'arment, et marchent vers les Tuileries où siégeait la Convention.

Témoin des premiers mouvemens, Bonaparte se rend

au comité de salut public. Il y trouve Barras, que la Convention venait de nommer commandant en chef de l'armée de l'intérieur. Celui-ci, qui se souvenait de Toulon, confie à Bonaparte toute son autorité militaire.

Bonaparte fit placer sur divers points autour des Tuileries quarante pièces de canon; il n'avait que six mille hommes environ. Les insurgés occupaient les abords de Saint-Roch et du Théâtre Français, et la Butte des Moulins. Le feu commença à quatre heures après midi; à six heures, les sections étaient en déroute complète. Onze à douze cents hommes périrent.

Après cette journée, le général Vandamme disait à Bonaparte : « Qu'avez-vous fait là ? Bon pour le moment; mais je ne sais si quelque jour vous n'aurez point à vous en repentir. — Laissez donc ! répondit Bonaparte, vous ne voyez pas que c'est mon cachet que je mets sur la France ! »

16 octobre. — Bonaparte est nommé général de division. Chargé du desarmement général des sections, dont on craignait un nouveau soulèvement, il vit venir un jour chez lui un jeune enfant de douze à treize ans, qui réclamait l'épée de son père ; c'était Eugène Beauharnais, fils du général Alexandre de Beauharnais, mort sur l'échafaud en 1793. L'épée fut rendue. La veuve de Beauharnais, Marie-Joséphine Tascher de la Pagerie,

vint remercier Bonaparte : il s'ensuivit une liaison et un mariage.

26 octobre. — La Convention se sépare : cette assemblée avait rendu huit mille trois cent soixante-dix décrets.

1796. 9 mars. — Mariage de Bonaparte avec la veuve du général Beauharnais. L'acte civil, enregistré au 2e arrondissement de Paris, fait naître Bonaparte le 5 février 1768, et Joséphine le 23 juin 1767. Il est toutefois constaté que Napoléon est né le 15 août 1769, et Joséphine le 23 juin 1763.

20 mars. — Napoléon Bonaparte, nommé général en chef de l'armée d'Italie, arrive au quartier-général de Nice.

Bonaparte n'avait avec lui que trente-quatre mille hommes; les Autrichiens, au nombre de plus de soixante mille, étaient commandés par le général Beaulieu.

12 avril. — Première victoire à Montenotte, village du Haut-Piémont, sur le versant septentrional des Apennins.

L'ennemi perd quatre mille hommes, dont deux mille cinq cents prisonniers.

13 avril. — Beaulieu, à la tête de sept mille hommes d'élite, surprend un détachement français posté à Dégo, et s'empare de cette ville. Après trois assauts infructueux, la division Masséna reprend Dégo.

15 avril. — L'armée autrichienne est battue à Millesimo, petite ville du Piémont, sur la Bormida, à onze lieues de Gênes. Les journées des 13 et 14 avril lui coûtèrent deux mille cinq cents morts, huit à neuf mille prisonniers, vingt-deux pièces de canon et quinze drapeaux.

20 et 22 avril. — Un renfort de Piémontais, envoyé par le roi de Sardaigne est défait à Vico et à Mondovi. Le roi de Sardaigne sollicite la paix, abandonne à la France la Savoie et le comté de Nice, et chasse les émigrés du territoire sarde.

L'armée d'Italie passe le Pô, repousse dix mille fantassins et deux mille cavaliers qui s'opposent au débarquement, et vient occuper Plaisance. Le duc de Parme et de Plaisance obtient la paix, moyennant une contribution de deux millions, douze cents chevaux de trait avec leurs colliers, quatre cents chevaux de dragons harnachés, cent chevaux de selle, dix mille quintaux de blé, cinq mille d'avoine, deux mille bœufs, et vingt des plus beaux tableaux qui se trouvaient dans les deux duchés.

Parmi ces tableaux on remarquait la *Communion de saint Jérôme*, peinte par Dominique Zampieri dit le Dominiquin. Le duc de Parme et de Plaisance fit proposer en secret à Bonaparte de lui payer deux millions si on voulait lui laisser ce bel ouvrage. Bonaparte répondit : « Honoré de la confiance de la république, je n'ai pas besoin de millions ; tous les trésors des deux duchés ne sauraient valoir à mes yeux la gloire d'offrir à ma patrie un chef-d'œuvre du Dominiquin. »

12 mai. — Bataille de Lodi.

Les troupes autrichiennes se retranchèrent derrière l'Adda pour disputer aux vainqueurs la route de Milan. Dix mille Autrichiens, aux ordres du général Sebotendorf, défendaient avec trente pièces de canon le pont de Lodi, long de six cents pieds. Par les ordres de Bonaparte, la division Masséna, les grenadiers en tête, attaque le pont, pendant que les canons de cette division répondent au feu de l'ennemi. La charge bat ; les grenadiers s'élancent aux cris de *vive la république !* La mitraille qui éclaircit leurs rangs les arrête un moment ; mais les généraux français se précipitent les premiers en avant, et raniment les soldats par leur exemple ;

le pont est franchi, la première ligne des Autrichiens est culbutée, et vingt pièces de canon tombent en notre pouvoir.

15 mai. — Bonaparte, entouré de son état-major et de ses guides, fait son entrée triomphale à Milan. Le même jour, on célèbre à Paris, au Champ-de-Mars, *une fête des Victoires*, et la paix est signée avec la Sardaigne.

17 mai. — Prise de la ville de Côme.

L'approche d'une colonne de troupes françaises décide le duc de Modène à faire la paix. Il consent à donner vingt de ses plus beaux tableaux, et sept millions cinq cent mille francs.

20-26 mai. — Mouvemens insurrectionnels dans le Milanais, causés par l'enlèvement de l'argenterie des églises, et la levée de la contribution exigée par le gouvernement français. Des mesures vigoureuses étouffèrent en peu de jours toute tentative de soulèvement. Le village de Binasco fut pris d'assaut et livré aux flammes. Pavie faillit éprouver le même sort. « Trois fois, écrit le général en chef dans son rapport du 26 mai, l'ordre de mettre le feu à la ville de Pavie expira sur mes lèvres. Si le sang d'un seul Français eût été versé, je voulais faire élever des ruines de Pavie, une colonne sur laquelle j'aurais fait écrire : *Ici était la ville de Pavie.* J'ai fait fusiller la municipalité, arrêter deux cents otages que j'ai fait passer en France ; tout est aujourd'hui parfaitement tranquille, et je ne doute pas que cette leçon ne serve de règle aux peuples de l'Italie. »

51 mai. — L'armée française poursuit les Autrichiens, passe le Mincio à Borghetto, et s'empare de Valeggio, quartier-général de Beaulieu.

3-4 juin. — La division Masséna entre dans Vérone. Le 4, elle forme le blocus de Mantoue, capitale du Mantouan, que l'Autriche possedait depuis 1713.

4 juin. — Ferdinand IV, roi des deux-Siciles, s'engage à garder la neutralité et à payer une somme de huit millions.

20 juin. — Le souverain pontife, Pie VI, s'engage à livrer Ancône, à fermer tous ses ports aux bâtimens des puissances en guerre avec la république, à donner cent tableaux, statues, vases et bustes, au choix des commissaires français, à payer à la France vingt-un millions de livres en numéraire ou denrées, à mettre en liberté dans ses etats tous les détenus pour cause politique.

26 juin. — Proclamation de Bonaparte à l'armée rassemblée dans la ville d'Albi, à neuf lieues de Turin.

Les harangues de Napoléon égalent celles des plus grands orateurs. Elles sont énergiques, saisissantes. En les lisant, les soldats sentaient dans leurs cœurs le feu qui animait leur chef; ils se rappelaient leurs triomphes récents, et en rêvaient de nouveaux; ils étaient vainqueurs dans le passé et dans l'avenir.

Voici quelques passages de la proclamation d'Albi :

« Soldats,

» Vous avez en quinze jours remporté six victoires, pris vingt-un drapeaux, cinquante pièces de canon, plusieurs places fortes, conquis la partie la plus riche du Piémont; vous avez fait quinze mille prisonniers, tué ou blessé dix mille hommes..... Dénues de tout, vous avez suppléé à tout ; vous avez gagné des batailles sans canons, passé des rivières sans ponts, fait des marches forcées sans souliers, bivouaqué plusieurs fois sans pain... Graces vous en soient rendues, soldats !....

» Vous étiez dénués de tout au commencement de la campagne; vous êtes aujourd'hui abondamment pourvus. Les magasins pris à vos ennemis sont nombreux. L'artillerie de siège est arrivée. La patrie attend de vous de grandes choses. Vous justifierez son attente ; vous brûlez tous de porter au loin la gloire du peuple français ; d'humilier les rois orgueilleux qui méditaient de nous donner des fers ; de dicter une paix glorieuse qui indemnise la patrie des sacrifices qu'elle a faits. Vous voulez tous, en rentrant dans vos familles, dire avec fierté : *J'étais de l'armée conquérante d'Italie !....*

28 juin. — Les Anglais occupaient le port de Livourne, en Toscane ; Bonaparte charge la division Vaubois de s'assurer de cette ville. Il s'y rend lui-même et fait mettre en séquestre des magasins appartenant à l'empereur et au roi d'Angleterre.

29 juin. — Le château de Milan capitule. Bonaparte se rend à Florence, auprès de Ferdinand-Joseph, grand-duc de Toscane. Le soldat de fortune, vainqueur de l'Autriche et général de la république, s'assied à table à côté du grand-duc, frère de l'empereur autrichien, et mari d'une princesse du sang des Bourbons.

29 juillet. — Vingt cinq mille Autrichiens, commandés par le général Wurmser, entrent en Italie, et marchent sur Mantoue. La division Masséna bat en retraite devant eux.

2-5 août. — Bataille de Castiglione.

L'ennemi s'était emparé du village de Castiglione-di-Stivere. Le 2 août, une partie des troupes françaises est dirigée sur Lonato, et en chasse une colonne autrichienne, pendant qu'Augereau reprend Castiglione ; Bonaparte établit son quartier-général à Lonato.

Le 3 août un parlementaire autrichien est introduit auprès du général en chef. Il lui annonce que Lonato est cerné de tous côtés, et qu'il ne reste pas d'autre parti à prendre aux Français qui se trouvent dans Lonato que de mettre bas les armes et de se rendre à discrétion.

Bonaparte, qui n'avait avec lui que deux cents hommes, ne se laisse point intimider par l'apparence du danger : les troupes dont il aperçoit l'avant garde sur la route de Brescia ne peuvent être qu'un débris de celles qu'on a battues la veille, qui emploie la ruse pour se frayer un passage. Ces forces sont trop considérables pour qu'on les combatte avec des chances de succès; mais le général français devra son salut à son audace et à sa présence d'esprit.

Il s'adresse au parlementaire : « Comment osez-vous, dit-il, venir ainsi sommer un vainqueur au milieu de son quartier-général et entouré de son armée? Allez dire au général qui vous a envoyé que, s'il a prétendu faire une insulte à l'armée française, je suis ici pour la venger; qu'il est lui-même mon prisonnier ainsi que ses soldats :

je sais que sa troupe n'est qu'une des colonnes coupées par des divisions de mon armée. Dites-lui que si dans huit minutes il n'a pas mis bas les armes, et si une seule amorce est brûlée, je le fais fusiller, lui et ses gens. » Puis il fait enlever le bandeau qui couvre les yeux du parlementaire. « Voyez, ajoute-t-il, le général Bonaparte au milieu de son état-major et de l'armée républicaine; rapportez à votre chef qu'il lui est loisible de faire une bonne capture. »

Il ordonne sur le champ une démonstration d'attaque. Le général ennemi demande à son tour à capituler. « Non, dit fièrement Bonaparte, je ne capitule point avec mes prisonniers. » L'Autrichien se rend à discrétion avec trois mille hommes et vingt hulans, et livre trois drapeaux et quatre pièces de canon.

Le lendemain, Wurmser est mis en déroute et poursuivi jusqu'au Mincio. Il perdit, en cinq jours, soixante-dix pièces de canon, tous ses caissons, douze à quinze mille prisonniers, et six mille hommes tués ou blessés.

7 août. — Reprise de Parme. L'armée de Wurmser est en fuite.

3-5 septembre. — Les divisions Masséna et Vaubois enlèvent les retranchemens de Roveredo, défendus par dix mille hommes des milices autrichiennes, font sept à huit mille prisonniers, s'emparent de vingt-cinq pièces de canon, de cinquante caissons, de sept drapeaux, et d'une grande quantité de fusils. Le 5, Masséna entre dans la ville de Trente.

8 septembre. — Bonaparte se dirige sur Bassano qu'occupait Wurmser avec son état-major. La division Augereau y entra par la gauche au pas de charge, pendant que Masséna y pénétrait par la droite. Wurmser et le trésor de l'armée autrichienne furent sur le point d'être pris. Cinq drapeaux, trois mille prisonniers, trente-cinq pièces de canon, deux cents fourgons et deux équipages de ponts furent les trophées de cette bataille.

15 septembre. — Le corps de Wurmser, réduit à quatorze mille hommes, se réfugie dans Mantoue, dont l'armée française forme le siège.

20-50 septembre. — Bonaparte se rend à Milan, et provoque la création de la république *Cisalpine*, composée de la Lombardie, de Ferrare et de Bologne, et des duchés de Modène et de Reggio.

10 octobre. — La paix est signée avec Ferdinand IV.

10-21 octobre. — Le général Gentili, envoyé en Corse par Bonaparte, reprend cette île aux Anglais.

Novembre. — Une troisième armée autrichienne, forte de quarante-cinq mille hommes, aux ordres du feld-maréchal Alvinzi, vient au secours de Wurmser.

15, 16 et 17 novembre. — Bataille d'Arcole.

Le village d'Arcole est à cinq lieues S. E. de Vérone. Il est situé au milieu d'un marais, sur lequel les habitans ont élevé plusieurs digues et chaussées. Celle qui mène du village de Ronco à Arcole est coupée par le torrent de l'Alpon, que l'on passe sur un pont de bois très étroit.

Le 15, l'aile droite des Français, commandée par Augereau, après avoir culbuté dans les marais une division ennemie, se présente au pont de l'Alpon. Il était barricadé, défendu par de l'artillerie, et aboutissait à des maisons crénelées. Arcole était occupé par des bataillons hongrois et croates.

Ces troupes résistèrent à plusieurs attaques. Les généraux français s'élancèrent en vain à la tête de la colonne; le feu de l'ennemi était si violent et la masse des assaillans si serrée, que tous les coups portaient et que les pelotons ne pouvaient parvenir à déboucher.

Bonaparte arrive avec son état major : « N'êtes-vous plus, crie-t-il aux grenadiers, les guerriers de Lodi ? Qu'est devenue cette intrépidité dont vous avez donné tant de preuves ? » Il saisit un drapeau, s'avance suivi des grenadiers et parvient à moitié du pont ; mais l'approche d'une division ennemie et un feu de flanc déterminent un mouvement rétrograde. Bonaparte est entraîné au milieu des mourans et des morts, précipité dans un marais et exposé à tomber au pouvoir des Autrichiens qui poursuivaient nos soldats sur la chaussée. Les grenadiers s'aperçoivent du danger de leur chef; un cri spontané se fait entendre : « En avant, pour sauver le général ! » Bonaparte est sauvé, et l'ennemi repoussé au-delà du pont.

La bataille d'Arcole coûta dix mille hommes aux Autrichiens,

1797. 15 janvier. — Bataille de Rivoli.

Du 12 au 16, l'armée d'Alvinzi se vit enlever toute son artillerie et fut mise hors d'état de tenir la campagne. On lui fit plus de vingt mille prisonniers.

22 janvier. — Capitulation de Mantoue.

9 février. — Le général Victor occupe Ancône.

19 février. — Par le traité de Tolentino, le pape cède le comtat Venaissin, Bologne, Ferrare, la Romagne, quinze millions en numéraire et cinq millions en objets d'art.

16 mars. — Combat du Tagliamento. L'archiduc Charles avait pris au mois de février le commandement de l'armée autrichienne.

31 mars. — Bonaparte vainqueur écrit à l'archiduc Charles pour l'engager à faire la paix.

31 mars. — Gênes s'organise en république *Ligurienne*.

5 septembre. — Coup d'état dit *du 18 fructidor*.

Des troupes tirées de l'armée d'Italie sous prétexte d'un envoi de drapeaux, et commandées par Augereau, occupent la capitale et envahissent l'enceinte du lieu des séances du corps législatif. Pichegru et cinquante autres membres du parti royaliste sont arrêtés et déportés à Cayenne. Les élections de 48 départemens sont annulées : on impose aux fonctionnaires publics l'obligation de jurer haine à la royauté et à l'anarchie, fidélité et attachement à la république et à la constitution de l'an III. Une loi ordonne à tous les émigrés de sortir de Paris dans 24 heures et du territoire dans quinze jours, sous peine d'être jugés militairement. Les parens d'émigrés sont exclus des assemblées, les biens des proscrits séquestrés, et les éditeurs, propriétaires et éditeurs de 42 journaux, condamnés à la déportation.

15 septembre. — Rupture des négociations entamées à Lille avec l'Angleterre le 6 juillet.

17 octobre. — Traité de Campo-Formio.

Les conférences qui décidèrent ce traité eurent lieu à Léoben et à Udine, capitale du Frioul vénitien. Elles furent longues et orageuses.

A Udine, on s'était rassemblé chez le comte de Cobentzel, chargé d'affaires d'Autriche, le 25 vendémiaire (16 octobre). Las des objections et de l'hésitation de ses adversaires, Bonaparte se leva, saisit sur un guéridon un petit cabaret de porcelaine, et le jeta à terre en s'écriant : « Puisque vous le voulez, la trêve est rompue ! Mais souvenez-vous qu'avant la fin de l'automne je briserai votre monarchie comme je brise cette porcelaine. » Puis il salua le congrès et sortit.

Les plénipotentiaires autrichiens avaient mis en tête du traité : « L'empereur reconnaît la république française. » « Effacez ces mots, dit Bonaparte; la république française est aussi visible que le soleil. Aveugle qui ne la voit pas ! »

5 décembre. — Bonaparte est reçu en audience solennelle, à Paris, par le Directoire exécutif. Les deux conseils décernent un drapeau à l'armée d'Italie.

Sur une des faces de ce drapeau on lisait :

« A l'armée d'Italie la patrie reconnaissante. »

De l'autre côté, des inscriptions rappelaient les principaux exploits de cette armée: on y remarquait celles-ci :

« Cent cinquante mille prisonniers. — Cent soixante-dix drapeaux. — Cinq cent cinquante pièces de siège. — Six cents pièces de campagne. — Cinq équipages de ponts. — Neuf vaisseaux de 64 canons, douze frégates de 32, douze corvettes, dix-huit galères. — Armistice avec le roi de Sardaigne. — Convention avec Gênes. — Armistice avec le duc de Modène, le roi de Naples, le pape. — Préliminaires de Léoben, etc.

» Donné la liberté aux peuples de Bologne, Ferrare, Modène, Massa-Carrara, de la Romagne, de la Lombardie, etc.

» Envoyé à Paris les chefs-d'œuvre de Michel-Ange, du Guerchin, du Titien, de Paul Véronèze, Corrège, Albane, des Carrache, Raphael, Léonard de Vinci, etc. »

Un homme qui vit Bonaparte à son passage à Mantoue (novembre 1797) en a donné le portrait suivant, inséré dans un journal au mois de décembre 1797 : «J'ai vu avec un vif intérêt et une extrême attention cet homme extraordinaire qui a fait de si grandes choses, et qui semble annoncer que sa carrière n'est pas terminée. Je l'ai trouvé fort ressemblant à ses portraits, petit, mince, pâle, ayant l'air fatigué, mais non malade, comme on l'a dit.

» Il m'a paru qu'il écoutait avec plus de distraction que d'intérêt, et qu'il était plus occupé de ce qu'il pensait que de ce qu'on lui disait. Il y a beaucoup d'esprit dans sa physionomie : on y remarque un air de méditation habituelle qui ne révèle rien de ce qui se passe dans l'intérieur.

» Dans cette tête pensante, dans cette ame forte, il est impossible de ne pas supposer quelques pensées hardies qui influeront sur les destinées de l'Europe.»

28 décembre. — Bonaparte est nommé membre de l'Institut, classe des sciences et des arts.

1798. 10 février. — Bonaparte, nommé général en chef de l'*armée d'Angleterre*, visite les ports de l'Océan.

12 avril. — Il est nommé général en chef de l'armée d'Orient.

25 février. — Traité d'alliance avec la république Cisalpine.

10 mai. — En vertu d'une loi du 19 fructidor, qui condamnait à mort les émigrés, un vieillard de plus de quatre-vingts ans avait été fusillé à Toulon. Bonaparte indigné écrivit la lettre suivante à la commission militaire.

« J'ai appris, citoyens, avec la plus grande douleur que des vieillards âgés de soixante-dix à quatre-vingts ans, de misérables femmes enceintes, ou environnées d'enfans en bas âge, avaient été fusillés, comme prévenus d'émigration.

» Les soldats de la liberté seraient-ils donc devenus des bourreaux ?

» La pitié, qu'ils ont portée jusqu'au milieu des combats, serait-elle donc morte dans leurs cœurs ?

» La loi du 19 fructidor a été une mesure de salut public : son intention a été d'atteindre les conspirateurs, et non de misérables femmes et des vieillards caducs.

» Je vous exhorte donc, citoyens, toutes les fois que la loi présentera à votre tribunal des vieillards de plus de soixante ans, ou des femmes, de déclarer qu'au milieu des combats vous avez respecté les vieillards et les femmes de nos ennemis.

» Le militaire qui signe une sentence contre une personne incapable de porter les armes est un lâche.

« *Signé* BONAPARTE. »

Cette lettre sauva la vie à un malheureux sexagénaire. L'armée voyait avec joie son général employer l'influence de son nom à empêcher des actes de barbarie.

19 mai. — Expédition d'Égypte.

Une escadre de treize vaisseaux de ligne, de deux vaisseaux de 64 armés en flûte, de deux bricks, soixante-douze petits bâtimens de guerre et quatre cents bâtimens de transport, sort de Toulon et prend la route de l'Égypte; elle portait vingt-six mille soldats (onze demi-brigades), et dix mille matelots.

La fondation d'une colonie en Égypte avait pour but d'établir un entrepôt de commerce de l'Inde, et d'arracher par la suite cette dernière contrée aux mains des Anglais. La lecture de quelques mémoires rédigés à ce sujet avait inspiré à Bonaparte l'idée d'exécuter un plan dont les résultats devaient être également glorieux pour lui et profitables à la nation. Le Directoire consentit avec joie à éloigner de l'Europe un général dont il redoutait l'influence, mais il est certain que Bonaparte seul combina le projet et les moyens d'exécution ; il voulait attaquer l'Inde après avoir colonisé l'Egypte.

L'Egypte formait une province ottomane, gouvernée nominativement par un pacha, mais de fait par les mamelucks, et leurs vingt-quatre chefs, qu'on appelait *beys* ou *sangiaks*.

La milice des mamelucks, fondée par le sultan Saladin, se recrutait d'esclaves achetés en Géorgie, sur le Caucase, et même en Europe. Elle se composait de huit mille cavaliers très habiles à monter à cheval, à tirer, à lancer des traits, à se battre avec le sabre ou la masse d'armes. Chacun d'eux était suivi dans le combat de deux ou trois domestiques portant deux grands fusils, et avait à la ceinture deux paires de pistolets, dans un carquois dix-huit flèches qu'il lançait avec la main, et au côté une masse d'armes et deux sabres.

12 juin — Prise de l'Ile de Malte.

2 juillet. — Débarquement de l'armée française, et prise d'Alexandrie. La colonne de Pompée, au pied de laquelle furent enterrés quarante victimes de ce premier combat, est placée sur une légère éminence au bord de la mer : elle est haute de 98 pieds six pouces, y compris le chapiteau qui est d'ordre corinthien.

12-15 juillet. — L'armée française traverse le désert.

23 juillet. — Mourad-Bey, à la tête de six mille hommes, est vaincu près du village d'Embabeh, en vue des Pyramides.

Dans la nuit du 22 au 23 juillet, deux cents hommes de la 52ᵉ demi-brigade entrent au Caire, capitale de l'Egypte, sous la conduite du chef de brigade Dupuy. La ville, quoique peuplée de trois cent mille habitans, semblait déserte. Pour hâter le pas des traînards, Dupuy fit battre la charge, pénétra jusqu'au quartier central, enfonça la porte d'une maison et s'y installa paisiblement.

14 août. — Traité d'alliance offensive et défensive entre l'empereur et le roi des Deux-Siciles contre la France.

Le même jour, Bonaparte apprend que la flotte française a été détruite, le 1ᵉʳ août, par les Anglais, dans le port d'Aboukir.

En parcourant le rapport rédigé par le contre-amiral Ganteaume, le général de l'armée d'Egypte ne laissa paraître sur son visage aucune émotion ; il questionna l'envoyé, lui demanda quelques détails, et après l'avoir écouté, dit tranquillement. « Nous n'avons plus de flotte : eh bien ! il faut rester en ces contrées, ou en sortir grands comme les anciens. »

22 août. — Bonaparte assiste à la cérémonie de la rupture de la digue : cette digue retient les eaux du Nil, jusqu'à ce que ce fleuve, dans son débordement périodique, ait atteint la hauteur nécessaire pour qu'on puisse naviguer dans la ville.

Création de l'*Institut d'Égypte*, destiné à la propagation des lumières dans cette contrée, et à des recherches archéologiques et paléographiques.

5 septembre. — La conscription militaire est établie, sur le rapport du général Jourdan. Elle appelle au service, par voie de tirage au sort, les Français âgés de 20 à 25 ans, qui sont répartis en cinq classes.

12 septembre. — La Porte Ottomane s'allie à l'Angleterre et à la Russie, et déclare la guerre à la France. Le traité fut signé le 23 décembre, à Constantinople.

22 septembre. — Célébration de la fête de Mahomet et de celle de la fondation de la république française (selon le calendrier républicain, le 22 septembre 1798 correspond au 1er vendémiaire de l'an VII).

21 octobre. — Révolte du Caire.

Pendant deux mois les Musulmans supportèrent patiennent le joug des vainqueurs ; mais l'établissement du droit d'enregistrement sur les propriétés foncières devint la cause occasionnelle d'une insurrection violente.

Le 30 vendémiaire an VII (21 octobre 1798), des rassemblemens nombreux parcourent les rues, et massacrent les Français qu'ils rencontrent. Bonaparte accourt, et prend des mesures pour couper les communications entre les divers quartiers où sont postés les rebelles; quinze mille d'entre eux se réfugient dans la grande mosquée, et refusent de se rendre. Une grêle de bombes, d'obus et de boulets menace de les engloutir sous les débris de leur dernier asile. Bientôt ils poussent des cris lamentables, implorent la miséricorde du général en chef, et se rendent à discrétion.

27 — 31 décembre. — Bonaparte visite la ville de Suez, et s'occupe des moyens de percer l'isthme qui sépare la mer Rouge de la Méditerranée.

1799. 15 janvier — Expédition de Syrie, motivée par les intentions hostiles d'Achmet-Djezzar (le boucher), pacha de Saint-Jean-d'Acre. Treize mille hommes traversent le désert, et marchent sur Gaza.

17 février. — Capitulation du fort d'El-Arick.

25 février. — L'avant-garde, commandée par Kléber, s'égare, et erre pendant quarante-huit heures dans les sables.

26 février. — Prise de Gaza. Les magasins de cette ville renfermaient douze milliers de poudre, quelques canons, beaucoup de munitions de guerre, du biscuit et du riz.

7 mars. — La ville de Jaffa est prise d'assaut, et livrée au pillage par les soldats irrités de la résistance acharnée des Musulmans. Le lendemain la peste se déclare dans l'armée.

12 mars. — Le Directoire déclare la guerre à l'empereur d'Allemagne et au grand-duc de Toscane.

18 mars. — Commencemens du siège de Saint-Jean-d'Acre.

16 avril. — Bataille du Mont-Thabor.

Les habitans de Damas envoyaient sept mille cavaliers au secours d'Achmet-Djezzar. Les généraux Kléber et Junot, à la tête de deux mille quatre cents hommes, les attaquent dans la plaine de Souli.

Le combat demeura indécis jusqu'à une heure après midi. Bonaparte, avec la division Bon, une partie de la cavalerie et huit pièces de canon, vint achever la défaite des Damasquins qui furent repoussés jusqu'au pied du Mont-Thabor. Leur perte fut de six mille hommes, et celle des Français de deux cents hommes seulement.

17 mai. — Des secours venus par mer, et introduits dans la place, obligent l'armée française à lever le siège, après soixante-et-un jours de tranchée et dix assauts.

24 mai. — Bonaparte visite, à Jaffa, l'hôpital des pestiférés.

10 juin. — Retour au Caire.

15 juillet. — Dix huit mille Turcs débarquent dans le port vieux d'Alexandrie, et s'emparent du fort d'Aboukir.

25 juillet. — Bataille d'Aboukir.

L'armée ottomane s'était couverte d'une double ligne de retranchemens. En quelques instans la première ligne fut au pouvoir des Français, et deux mille Turcs, presses d'un côté par la cavalerie, de l'autre par une colonne aux ordres du général Destaing, furent tués ou précipités dans la mer.

La seconde ligne présentait plus de difficultés. Bonaparte attira, par des charges vigoureuses, l'attention des Turcs sur les deux extrémités, et tout à coup porta une forte réserve sur la redoute du centre. Cette manœuvre eut un succès complet. Le général ennemi, Seid-Mustapha pacha, fut blessé par Murat, qui commandait la cavalerie française, et fait prisonnier avec deux cents janissaires.

2 août. — Les débris de l'armée turque, enfermés dans le fort d'Aboukir, se rendent au général Menou.

Après la bataille d'Aboukir, Bonaparte envoya un parlementaire à un vaisseau anglais qui se trouvait en rade. Le commandant lui remit une gazette française de Francfort, du 10 juin 1799. On était depuis long-temps sans nouvelles d'Europe. Une lettre du 26 mai, par laquelle les directeurs exprimaient le désir de voir de nouveau Bonaparte à la tête des armées républicaines, n'était point parvenue à son adresse.

22 août. — Les nouvelles d'Europe déterminent Bo-

naparte à quitter l'Egypte. Il remet à Kleber le commandement de l'armée.

9 octobre. — Bonaparte debarque à Fréjus, et se rend à Paris, au milieu d'une foule immense accourue sur son passage.

8 novembre (journée du 18 brumaire an VIII). —

Bonaparte jouissait d'une popularité justement acquise; le Directoire exécutif était depuis long-temps discrédité dans l'opinion ; on conspirait ouvertement contre le gouvernement et la constitution de l'an III.

Dès que Bonaparte fut de retour, tous les partis lui firent des offres. Il s'aboucha avec quelques membres du conseil des anciens et deux des directeurs, Roger Ducos et Siéyes, qui avaient rédigé, pour lui être remis, un memoire sur la situation présente.

Le 8 novembre, cent quarante-huit membres du conseil des Anciens, réunis aux Tuileries, rendirent un décret qui transférait les deux conseils à Saint-Cloud ; Bonaparte, nommé commandant de la première division militaire, fut chargé de l'exécution de ce décret.

9 novembre. — Les deux conseils se réunissent à dix

heures du matin. Celui des Cinq-Cents s'agite; les députés prêtent serment à la constitution de l'an III; on parle de dictature; on fait la proposition de mettre Bonaparte hors la loi; Lucien, frère de Bonaparte, qui présidait l'assemblée, cherche en vain à calmer le tumulte : la présence du général l'augmente encore. Pour le protéger, un piquet de grenadiers entre dans la salle des séances, et les députés effrayés s'enfuient à toutes jambes, laissant la plupart leurs manteaux dans les bosquets de Saint-Cloud.

Le soir, vingt-cinq ou trente députés des Cinq-Cents, partisans de Bonaparte, se réunissent, et font un projet de loi qui renverse le Directoire, et lui substitue trois consuls dont Bonaparte est le premier. Le conseil des Anciens l'adopta pendant la nuit. Le 20, à cinq heures du matin, tous les acteurs de cette scène étaient de retour à Paris.

Quelques jours avant ce coup d'état, on conseillait à Bonaparte de ne se présenter aux Cinq-Cents que bien accompagné. « Je le ferai, dit-il, pour complaire à mes amis; en vérité, j'ai la plus grande envie d'y paraître comme Louis XIV au parlement, avec des bottes et un fouet à la main. »

16 décembre. — Nouvelle organisation de l'Ecole Polytechnique, fondée par la Convention le 21 mars 1705.

Elle formera trois cents élèves pour l'artillerie, le génie, les ponts et chaussées, la construction civile et navale, les mines, et le génie géographique.

24 décembre. — Constitution de l'an VIII. Elle établit, outre les trois consuls avec 500,000 fr. de traitement, un *sénat conservateur* de soixante membres nommés à vie par les consuls, et un *tribunat*.

Peu de jours après l'élévation de Bonaparte au consulat, le général Murat lui dit : « La république ne pouvait moins faire pour vous. — Ni moi non plus, répondit le consul, je ne pouvais rien faire de moins pour elle Il fallait peut-être que je fusse un des tomes d'une collection de gouvernans! Non, la France en a déjà trop eu; il est temps qu'elle se résume. »

25 décembre. — Organisation du conseil d'état.

26 décembre. — Le premier consul demande à Georges III, roi d'Angleterre, de s'entendre avec lui pour la pacification de l'Europe. Le parlement anglais refusa d'accéder à cette proposition. Plus heureux auprès de Paul Ier, empereur de Russie, Bonaparte le détacha de la coalition.

29 décembre. — Rétablissement du libre exercice des cultes. On rouvre les églises fermées en 1793.

1800. 19 février. — Loi qui règle la forme de l'administration, et crée les préfectures, sous-préfectures, mairies, conseils de préfecture, d'arrondissement et municipaux. Le premier consul se réserve la nomination de tous les administrateurs, à l'exception des maires et conseils des villes de moins de 5,000 ames, qui sont nommés par le préfet.

24 février. — Etablissement des octrois dans les villes dont les hospices civils n'ont point de revenus suffisans.

7 mars. — Création d'une armée de réserve à Dijon.

14 mars. — Organisation des tribunaux. Le premier consul se réserve la nomination des officiers ministériels, avoués, greffiers et huissiers.

6 mai. — Le premier consul quitte Paris, et revient à Dijon.

13 mai. — Bonaparte passa en revue les troupes desti-

nées à la conquête de l'Italie. Leur force s'élevait à soixante mille hommes, qui occupaient tout le pied des grandes Alpes, depuis les sources de l'Isère et de la Durance jusqu'à celles du Rhin et du Rhône.

18 et 19 mai. — L'avant-garde de l'armée passe le mont Saint-Bernard pendant que d'autres colonnes françaises pénétrent en Italie par divers points. Bonaparte rejoignit l'armée le 19 mai. Il se reposa une heure à l'hospice, y déjeuna debout avec son état-major, et descendit par un sentier qu'avaient frayé quelques fantassins.

Le Mont *Saint-Bernard*, situé dans la chaîne des Alpes, entre le Valais et le Val-d'Aost, s'appelait autrefois *Mont-Joux (Mons Jovis)*. Saint Bernard de Menthon, archidiacre d'Aost, y fonda, en 070, un hospice où il établit des chanoines réguliers de l'ordre de saint Augustin; ils ont été depuis remplacés par une congrégation de religieux séculiers.

Depuis le mois d'octobre jusqu'au mois de mai, deux domestiques, que l'on nomme *marroniers*, sortent de l'hospice à huit heures du matin, pour aller recueillir les voyageurs égarés. Ils sont munis de provisions, et d'une sonde de seize pieds de long qui leur sert à fouiller la neige aux endroits où ils soupçonnent la présence de quelque malheureux englouti par les avalanches. Ils sont accompagnés de chiens admirablement dressés.

Si à midi l'un des *marroniers* n'est pas de retour, quatre religieux vont à sa recherche. Si un accident empêche ces quatre hommes de revenir au bout d'un certain temps, d'autres suivent leurs traces.

Les victimes que les soins des bons religieux ne peuvent rappeler à la vie sont déposées dans la *chapelle des morts.*

On lit sur le premier palier de l'hospice cette inscription consacrée à la mémoire de l'empereur, elle est écrite en lettres d'or sur une plaque de marbre noir :

NAPOLEONI PRIMO, FRANCORUM IMPERATORI,
SEMPER AUGUSTO,
REIPUBLICÆ VALESIANÆ RESTAURATORI,
SEMPER OPTIMO,
ÆGYPTIACO BIS ITALICO, SEMPER INVICTO,
IN MONTE JOVIS ET SEMPRONII,
SEMPER MEMORANDO,
REIPUBLICA VALESIANA. 11 DECEMBRIS
ANNO MDCCCIV.

C'est-à-dire :
A Napoléon 1ᵉʳ, empereur des Français,
à jamais auguste,
restaurateur de la république du Valais,
à jamais excellent,
vainqueur de l'Egypte, deux fois *Italique*, toujours invincible,
à jamais mémorable.
la république de Valois, 11 décembre
1804.

Qui eût dit alors que le héros d'une inscription aussi pompeuse périrait dans l'exil, à trois mille lieues de l'Europe, dont il était le dominateur suprême ?

2 juin. — L'armée française entre dans Milan.

7 juin. — L'avant-garde occupe Pavie.

9 juin. — Seize mille Autrichiens, commandés par le général Ott, sont défaits au village de Montébello, et perdent huit mille hommes, dont cinq mille prisonniers.

14 juin.—Bataille de Marengo. Le généralissime Mélas, à la tête de cinquante mille hommes, passe la Bormida et attaque l'armée française.

La division Desaix avait été envoyée avec quatre mille hommes à Rivalta, pour observer la route d'Acqui, et il n'y avait pas trente mille Français sur le champ de bataille. Toutefois ils luttèrent jusqu'à cinq heures et demie du soir, et Desaix, arrivant à marches forcées, décida la victoire.

Les Autrichiens perdirent quatre mille cinq cents morts, près de huit mille blessés, six à sept mille prisonniers, douze drapeaux et trente pièces d'artillerie. Les Français eurent deux mille morts, trois mille six cents blessés et sept cents prisonniers.

Au nombre des morts fut Desaix, *enseveli dans son triomphe.*

Desaix (Louis-Charles-Antoine), né à Saint-Hilaire-d'Ayat près de Riom, le 17 août 1788, servait depuis l'âge de quinze ans. Il avait contribué aux succès des armées françaises, en Alsace, en Allemagne et en Egypte. Bonaparte le regardait comme le premier général de l'armée. Il fut frappé d'une balle au milieu de la poitrine, et tomba dans les bras de l'aide-de-camp Lebrun. Ses dernières paroles furent : « Allez dire au premier consul que je meurs avec le regret de n'avoir pas assez fait pour vivre dans la postérité. »

15 juin. — Un armistice est conclu à Alexandrie.

28. — Des préliminaires de paix sont signés, à Paris, entre la France et l'Autriche.

20 octobre. — Un arrêté des consuls rappelle tous les émigrés, sauf quelques exceptions.

25 décembre. Conspiration de la machine infernale.

Un tonneau rempli d'artifice éclate sur le passage de Bonaparte, rue St-Nicaise, au moment où il se rendait à l'Opéra. Vingt-deux personnes furent tuées et cinquante-six blessées. Les principaux auteurs du complot étaient Carbon et Saint Régent, officiers des troupes royales de l'ouest.

1801. 26 janvier. — Un nouvel armistice est signé à Lunéville.

9 février. — Paix entre l'Autriche et la France, conclue à Lunéville. Le Rhin devient les limites de la France.

Mars. — Organisation de plusieurs camps sur les côtes de la Manche, et principalement à Boulogne (Pas-de-Calais), pour effectuer une descente en Angleterre.

21 mars. — Traité avec l'Espagne.

28 mars. — Traité d'alliance avec le roi de Naples contre l'Angleterre. Le roi de Naples renonce à la souveraineté de l'île d'Elbe, des présides de Toscane, et de la principauté de Piombino ; paie à la république française une somme de cinq millions.

15 juillet. — Concordat avec le pape et rétablissement du culte catholique. Le concordat crée neuf archevêques, quarante et un évêques et des curés de première et seconde classe. Le traitement des archevêques est de 15,000 fr., celui des évêques de 10,000 fr., et celui des curés de 1,500 et de 1,000 fr.

10 septembre. — L'amiral Nelson se présente devant Boulogne avec trente bâtimens de guerre. Il jette sur la flotte française huit à neuf cents boulets qui n'atteignent personne, et se retire.

14 septembre. — Nelson reparaît avec des forces plus considérables, mais sans plus de succès. La chaloupe la *Surprise* coule bas quatre péniches anglaises.

Dans cette attaque, un aide-canonnier, ayant eu les yeux et le visage brûlés par une grenade, remonte sur le pont après avoir été pansé, et dit à ses camarades : « Portez-moi dans les manœuvres, afin que je puisse encore être utile à ma patrie. »

29 septembre. Traité de paix avec le Portugal.

1802. 26 janvier. — Bonaparte est nommé président de la république cisalpine.

1er février. — Nouvelle constitution de la Suisse, avec la médiation du premier consul.

4 mars. — Un arrête consulaire charge l'institut de tracer un tableau général des progrès et de l'état des sciences, des lettres et des arts, depuis 1789 jusqu'en 1801, et ordonne l'exposition annuelle des produits de l'industrie et des manufactures de la France.

27 mars. — Paix d'Amiens.

L'Angleterre avait fourni aux étrangers, pendant la durée de la guerre, 521,000,000 fr. de subsides.

1er mai. — Loi qui organise les lycées, écoles primaires et secondaires.

11 mai. — Bonaparte est réélu premier consul pour dix ans.

15 mai. — Rétablissement de la peine de la marque.

18 mai. — Levée de cent vingt mille conscrits.

19 mai. — Institution de la Légion d'Honneur, pour récompenser les services civils et militaires.

Ce fut la première récompense de ce genre donnée à tous ceux qui la méritaient, sans distinction de rang ni d'état. Napoléon disait un jour à Lacépède : « Vous ne savez pas, monsieur le comte, tout ce que je dois à la légion-d'honneur ! Quand vous en dressez un brevet, vous pouvez dire à coup sûr : C'est une belle action dont j'expédie l'ordre. »

20 mai. — Loi qui maintient l'esclavage dans les colonies françaises rendues à la France par le traité d'Amiens.

15 juin. — Une somme de 60,000 francs est affectée aux progrès que les savans français ou autres pourraient faire faire au galvanisme et à l'électricité.

4 août. — Bonaparte est nommé consul à vie, avec le droit de désigner son successeur, et de présenter ses deux collègues à la nomination du sénat. Les membres du tribunat sont réduits de cent à cinquante.

24 décembre. — Formation du conseil général et des chambres de commerce à Paris et dans les principales villes de la république.

1803. 2 janvier. — Un arrêté des consuls organise l'institut. Première classe : sciences physiques et mathématiques; deuxième : littérature; troisième : histoire et littérature anciennes; quatrième, beaux-arts.

25 mars. — Loi qui met cent vingt mille conscrits à la disposition du gouvernement.

14 juin.—Arrête qui organise une armée d'Angleterre, divisée en six corps occupant les camps de Saint-Claude, de Gand, de Saint-Omer, de Compiègne, de Saint-Malo et de Bayonne.

Décret qui accorde le droit de citoyen français, après une année de domicile, à tout étranger qui, dans l'espace des cinq années suivantes, aura bien mérité de la république.

27 octobre. — Arrêté des consuls portant que : « pour assurer la liberté de la presse, aucun libraire ne peut vendre un ouvrage avant de l'avoir présenté à une commission de revision, laquelle le rendra s'il n'y a pas lieu à la censure.

29 novembre. — Alliance entre la France et la Suisse.

30 novembre. — Traité de neutralité entre la France, l'Espagne et le Portugal.

1804. 25 février. — Établissement de la régie des droits réunis, ou impôts sur les boissons, le tabac, les voitures, les cartes et la garantie des matières d'or et d'argent.

26 février. — Complot contre le premier consul, tramé par le général Pichegru, Georges Cadoudal, chef de chouans, Conzié, évêque d'Arras, et le général Moreau. Ce fut comme compromis dans cette conspiration que le duc d'Enghien fut enlevé par des gendarmes à Ettenheim, château de l'électeur de Bade, jugé par un conseil de guerre, et fusillé. Il fut convaincu d'avoir porté les armes contre la république, d'avoir offert ses services aux Anglais, d'avoir commandé un corps d'émigrés soldés par eux, d'avoir conspiré avec leurs agens contre la France, d'avoir entretenu des intelligences avec les conspirateurs, etc.

24 mars. — Loi qui ordonne au conseil d'état de s'occuper de la réunion des lois françaises en un seul corps, sous le titre de *Code Civil des Français*.

10 mai. — Sur la proposition du tribun Curée, le sénat

et le tribunat investissent Napoléon Bonaparte de la dignité impériale, et la déclarent héréditaire dans sa famille. Napoléon dit, en acceptant, qu'il serait toujours guidé par cette grande vérité « que la souveraineté réside dans le peuple français, en ce sens que tout, tout sans exception, doit être fait pour son intérêt, pour son bonheur et pour sa gloire. »

18 mai. — Napoléon crée *maréchaux de l'empire* les généraux Berthier, Murat, Moncey, Jourdan, Masséna, Augereau, Bernadotte, Soult, Brune, Lannes, Mortier, Ney, Davoust et Bessières, et les sénateurs et généraux Kellermann, Lefebvre, Pérignon et Serrurier. C'étaient, pour la plupart, des fils d'artisans, parvenus, comme leur souverain, à la puissance par la gloire.

4 juillet. — Organisation du ministère de la police, qui est confié à Fouché.

14 juillet. — Inauguration de l'ordre de la Légion-d'Honneur au temple de Mars (église des invalides).

16 juillet. — L'école polytechnique est soumise au régime militaire.

20 juillet. — Napoléon visite le camp de Boulogne.

16 août. — Distribution de croix de la légion-d'honneur au camp de Boulogne.

30 octobre. — L'amiral Keit avec vingt-cinq bricks et vingt-sept brûlots essaie d'incendier la flottille de Boulogne.

30 décembre. — Établissement de douze écoles de droit et de l'école des ponts-et-chaussées.

2 décembre. — Sacre de Napoléon et de l'impératrice Joséphine, dans l'église Notre-Dame de Paris, par le pape Pie VII venu de Rome à la voix du nouveau monarque. Les dépenses de ce sacre, en y comprenant les gratifications, s'élevèrent à quatre-vingt-cinq millions.

5 décembre. — Napoléon distribue aux troupes de nouvelles enseignes surmontées d'un aigle.

1805. 26 mai. — Napoléon est proclamé à Milan roi d'Italie.

8 juin. — Eugène Beauharnais est nommé vice-roi d'Italie.

Le rétablissement du royaume d'Italie augmentait la puissance de l'empereur à un point qui alarma les grands états européens ; une coalition se forma entre l'Autriche, la Russie, la Suède, et l'Angleterre. L'Autriche ouvrit la campagne au mois de septembre en envahissant la Bavière.

Une grande armée française sous les ordres de Napoléon passe immédiatement le Rhin. Elle était divisée en huit corps, commandés par Davoust, Soult, Lannes, Ney, Augereau, Bernadotte, Marmont et Masséna. Murat fut placé à la tête d'une réserve de cavalerie, et le maréchal Bessières reçut le commandement de huit cents vélites à cheval, formant la garde particulière de l'empereur. Le huitième corps fut destiné à agir en Italie, et le septième en Souabe.

25 septembre. — La grande armée, sous les ordres de Napoléon, passa le Rhin.

6 octobre. — La division Vandamme (du quatrième corps) défait sur le pont de Donawerth un régiment autrichien.

8 octobre. — La réserve de cavalerie met en déroute, à Mortingen, douze bataillons de grenadiers et quatre escadrons de cuirassiers ennemis.

9 octobre. — Prise de Guntzbourg par le sixième corps.

11 octobre. — Six mille Français, de la division Dupont, cernés à Albeck par vingt-six mille hommes, battent l'ennemi et font quinze mille prisonniers.

13 octobre. — Napoléon, en arrivant à Elchingen, trouve le pont sur le Danube défendu par seize mille Autrichiens. Le maréchal Ney se met à la tête du soixante-deuxième régiment, formé en colonnes serrées, se place à l'avant-garde, force le pont, culbute l'ennemi, et lui fait trois mille prisonniers.

17 octobre. — Capitulation d'Ulm.

20 octobre. — La garnison d'Ulm, forte de trente mille hommes pose les armes. Le feld-maréchal Mack qui la commandait et dix huit cents officiers remirent leurs épées.

31 octobre. — Premiers engagemens avec les troupes russes venues en poste de Russie au secours des Autrichiens.

3 novembre. — La réserve de cavalerie bat l'armée russe à Ansttem.

7 novembre. — Le sixième corps entre à Inspruck.

13 novembre — Entrée de Napoléon dans Vienne.

19 novembre. — Jonction de l'armée d'Italie avec le sixième corps.

20 novembre. — Entrée de Napoléon à Brunn, capitale de la Moravie.

27 novembre. — Entrée du maréchal Davoust à Presbourg, capitale de la Hongrie.

2 décembre. — Bataille d'Austerlitz.

Forces ennemies : soixante-quatre mille Russes et dix

huit mille Autrichiens; *forces françaises* : soixante-dix mille hommes.

Perte des Français : deux mille morts et quatre mille blessés; *perte de l'ennemi* : dix-huit mille hommes hors de combat, trente mille prisonniers, quarante-cinq drapeaux, les étendards de la garde impériale russe, cent vingt pièces de canon, quatre cents voitures d'artillerie, les équipages, un grand nombre de chevaux.

Le général Rapp, aide-de-camp de l'empereur, en chargeant à la tête des grenadiers de la garde à cheval, fit prisonnier le prince Repnin, commandant les chevaliers-gardes de l'empereur de Russie.

La garde impériale à pied fut tenue en réserve. Comme elle semblait s'indigner de ne point prendre part à l'action : « Restez tranquilles, dit l'empereur aux soldats; tant mieux si aujourd'hui l'on n'a pas besoin de vous. »

Le 4 décembre, l'empereur d'Allemagne vint au bivouac de Napoléon solliciter la paix : le czar de Russie ne dut son salut qu'à la générosité de Napoléon qui lui envoya un sauf-conduit, et lui accorda la liberté sans rançon des soldats de la garde noble, des chevaliers-gardes, et du prince Repnin.

6 décembre. — Suspension d'armes.

26 décembre. — Paix de Presbourg. Napoléon fut reconnu roi d'Italie, et ses alliés, les électeurs de Bavière et de Wurtemberg, prirent le titre de rois.

1806. 12 janvier. — Le royaume de Naples est envahi par une armée de cinquante mille hommes que dirigent Masséna et Joseph Bonaparte, frère aîné de l'empereur. Cette agression était justifiée par les intelligences du roi de Naples avec les Russes et les Anglais.

15 mars. — Un décret érige en duchés la Dalmatie, l'Istrie, le Frioul, Cadore, Bellune, Conegliano, Trévise, Feltre, Bassano, Vicence, Padoue, Rovigo.

15 avril. — Joseph Bonaparte est proclamé roi des Deux-Siciles.

Mai. — Création de l'Université impériale.

5 juin. — Création des principautés de Ponte-Corvo et de Bénévent, fiefs immédiats de l'empire.

29 juin. — Louis Bonaparte est nommé roi de Hollande.

8 juillet. — Traité conclu à Paris avec la Russie : le czar refusa de le ratifier.

12 juillet. — François II abdique le titre d'empereur d'Allemagne, et prend celui d'empereur d'Autriche, sous le nom de François I°r. Quatorze princes du midi et de l'ouest de l'Allemagne se réunissent en confédération du Rhin et reconnaissent Napoléon pour protecteur.

Septembre. — Nouvelle coalition de la Prusse, de la Suède et de l'Angleterre : le roi de Saxe est contraint d'y adhérer et de fournir un contingent.

17 septembre. — La grande armée française se met en mouvement.

14 octobre. — Batailles d'Iéna et d'Averstaedt.

Pendant que Napoléon battait à Iéna l'aile droite des Prussiens, le maréchal Davoust, avec vingt-sept mille hommes mettait en déroute à Averstaedt cinquante mille ennemis.

Perte des Français : sept mille hommes. *Perte des Prussiens* : quinze mille tués ou blessés, trois mille prisonniers, plus de cent pièces d'artillerie, un grand nombre de drapeaux.

Le roi et la reine de Prusse assistaient à cette bataille. La reine était, selon le récit de M. Cornano, aide de camp du prince Eugène, « coiffée d'un casque en acier poli qu'ombrageait un magnifique panache; elle portait une cuirasse étincelante d'or et de pierreries, et, pour compléter cette parure que rehaussait encore sa beauté naturelle, une tunique d'étoffe d'argent retombait jusqu'à ses pieds, chaussés de bottines rouges, brodées d'or et éperonnées d'argent. »

Lorsque la cavalerie de Murat eut achevé la déroute des Prussiens, cette belle reine, abandonnée des siens, fut poursuivie vivement par deux hussards du neuvième, et n'échappa qu'avec peine, et grace à la vitesse de son cheval.

15 octobre. — Napoléon pardonne au duc de Weimar qui avait porté les armes contre lui.

15 — 26 octobre. — Occupation d'Erfurth, de Greissen, de Hall, de Leipsig, d'Ascherleben, de Bemburg, de Spandau et de Postdam.

26 octobre. — Les magistrats de Berlin apportent les clefs de cette ville à Napoléon, qui y entre le 27. On trouve dans l'arsenal de Berlin cent pièces de canon,

plusieurs centaines de milliers de poudre, des magasins de vivres et d'approvisionnémens.

29. — Prise de Stettin.

8 novembre. — Prise de Magdebourg.

21. — Décret qui établit le *blocus continental*, et déclare interdits tout commerce et toute correspondance avec les Iles Britanniques.

Napoléon viola le premier ce décret, et accorda, à prix d'or, des licences au moyen desquelles plusieurs Français eurent le droit de trafiquer avec l'Angleterre. Toutefois il persévéra constamment à exiger des souverains étrangers l'observation de la loi qui réduisait l'Angleterre à son commerce intérieur.

10 novembre. — La grande armée entre en Pologne.

6 décembre. — Prise de Thorn.

16. — Napoléon arrive à Varsovie, capitale de la Pologne.

17

1807. 7 février. — L'armée française se range en bataille autour du village de Preussich-Eylau, d'où l'arrière-garde russe est chassée.

8 février. — Dès la pointe du jour, l'armée russe, forte de quatre-vingt mille hommes, parut en colonnes à une demi-portée de canon de la ville, et engagea le combat par une vive canonnade; cent cinquante bouches à feu lui ripostèrent, et portèrent la mort dans ses rangs serrés. La bataille était gagnée à quatre heures du soir.

Perte des Français : deux mille morts, six mille blessés. *Perte des Russes :* près de sept mille morts, douze mille prisonniers, seize mille blessés; quarante-cinq pièces de canon.

1er février. — 24 mai. — Siège et prise de Dantzig.

14 juin. — Bataille de Friedland.

Le 12 juin, Napoléon se porta sur Friedland avec les corps d'armée des maréchaux Ney, Lannes, Mortier et du général Victor. Le 13, le neuvième régiment de hussards entra dans Friedland; mais il en fut chassé par trois mille Russes. Le 14, l'ennemi débouche par le pont de Friedland.

Aux premiers coups de canon, Napoléon s'écrie : « C'est un jour de bonheur, c'est l'anniversaire de Marengo. » Aussitôt les troupes françaises sont rangées en bataille, et marchent contre les Russes.

Le combat dura jusqu'à la nuit ; à cinq heures et demie du soir, le maréchal Ney, à la tête de l'aile droite, emporta le village de Friedland, où était postée la garde impériale russe. Les Russes, poursuivis jusqu'à onze heures du soir, perdirent dix-huit mille hommes, vingt-cinq généraux tués ou blessés, quatre-vingts canons, une grande quantité de caissons. Les Français ne comptèrent pas trois mille cinq cents hommes hors de combat.

15 juin. — Le maréchal Soult entre dans Kœnisberg, évacuée par les Russes. On y trouva vingt mille blessés, des munitions de guerre fournies par l'Angleterre, et d'immenses magasins.

16 juin. — L'armée russe, diminuée en dix jours de soixante mille combattans, se retire vers l'intérieur de la Russie. Le général Beningsen sollicite un armistice.

21 juin. — Armistice.

25 juin. — Entrevue de Napoléon, du czar Alexandre,

et de Frédéric Guillaume, à Tilsitt, dans un pavillon sur le Niémen.

18 juillet. — Paix de Tilsitt. L'électeur de Saxe reçoit le titre de roi; la Westphalie, érigée en royaume, est donnée à Jérôme Bonaparte.

19 août. — Suppression du tribunat.

2 septembre. — Les Anglais bombardent Copenhague.

27. — Traité de Fontainebleau, par lequel le Portugal est divisé en deux états, et rendu dépendant de l'Espagne.

15 décembre. — Une proclamation annonce que la maison de Bragance a cessé de régner en Portugal. Une armée française, commandée par Junot, occupe cette contrée.

1808. 2 janvier — février. — Occupation en Espagne, par les Français, de Pampelune, de Barcelone, de San-Fernando et de San-Sébastien.

23 mars. — Une insurrection populaire, ayant contraint Charles IV d'abdiquer en faveur de son fils Ferdinand, les troupes françaises, conduites par Murat, sous prétexte de défendre le vieux roi, entrent à Madrid.

5 avril. — Napoléon arrive à Bayonne. Charles IV et Ferdinand s'y rendent le 30. Napoléon leur déclare qu'il ne convenait plus que les Bourbons régnassent en Espagne.

5 mai. — Abdication de Charles et de Ferdinand. Joseph Bonaparte est nommé roi d'Espagne et des Indes, et remplacé par Murat sur le trône de Naples.

Levée en masse des Espagnols pour combattre les Français.

23 mai. — Siège de Sarragosse.

14 juillet. — Le maréchal Bessières, avec treize mille hommes, défait à Medina-del-Rio-Serro quarante mille Espagnols.

19 — 22 juillet. — Désastre de Baylen. Le général

Dupont, cerné par des forces supérieures, se rend avec douze mille hommes.

24 juillet. — Entrée de Joseph à Madrid.

30 août. — Convention des cortès, en vertu de laquelle les Français évacuent le Portugal.

5 novembre. — Napoléon arrive à Vittoria.

9 novembre. — Prise de Burgos.

12 novembre. — Prise de Regnosa.

11 — 19 novembre. — Les insurgés de l'Estramadure, de la Galice, de l'Andalousie, de l'Aragon, de Valence et de la Castille sont successivement mis en déroute.

4 décembre. — Entrée de Napoléon dans Madrid.

1809. 24 février. — Prise de Saragosse.

Mars. — L'Autriche reprend les armes, et met en

campagne six corps d'armée, d'environ trente mille hommes chacun.

16 avril. — Napoléon arrive à Dillingen, sur le Danube. Déjà cent soixante mille Autrichiens étaient rassemblés en Allemagne sous les ordres de l'archiduc Charles. L'empereur ne pouvait leur opposer que soixante-seize mille hommes, Français, Wurtembergeois et Bavarois

24 avril. — Prise de Ratisbonne.

10 mai. — L'empereur entre à Vienne.

Dans une revue passée au palais de Schœnbrunn un jeune homme nommé Staps, fils d'un ministre protestant de Nuremberg, tente d'assassiner Napoléon.

L'empereur lui offrit de lui faire grace s'il demandait pardon du crime qu'il avait voulu commettre, Staps répondit : « Je ne veux pas de pardon; j'éprouve le plus vif regret de n'avoir pas réussi. » Devant ses juges il montra beaucoup de résolution ; il avait la conviction qu'en tuant l'empereur il rendait le plus grand service à l'Allemagne. Condamné à être fusillé, il refusa pendant huit jours, de prendre des alimens : on lui en présenta le matin de l'exécution, il dit qu'il se sentait assez de force pour aller au supplice, et y marcha d'un pas ferme.

22 mai. — Bataille d'Essling. Les deux armées, après avoir lutté toute la journée avec une perte égale, conservèrent leurs positions respectives.

Lannes, duc de Montebello eut les deux genoux fracassés par un boulet à Essling, sur les six heures du soir : douze grenadiers formèrent un brancard de branches de chêne et de leurs fusils entrelacés, et y placèrent le maréchal expirant. En apercevant ce triste cortège, Napoléon saute à bas de son cheval ; il presse le blessé dans ses bras : « Pauvre Lannes! me reconnais-tu ? c'est moi! c'est l'empereur, c'est Bonaparte ! s'écrie-t-il. » Le maréchal l'entendait à peine. Amputé deux fois, il ne survécut que peu de jours.

Les dépouilles mortelles de Lannes furent déposées au Panthéon.

26 mai. — L'armée française d'Italie, après avoir repoussé les troupes qui lui étaient opposées, opère sa jonction avec l'armée d'Allemagne.

1er juillet. — Le quartier-général de l'armée française est établi dans l'île Lobau, sur le Danube.

2 juillet. — L'armée quitte l'île Lobau, et se place en ligne dans la plaine d'Enzersdorf.

6 juillet. — Bataille de Wagram.

Perte des Français : deux mille six cents morts et six mille blessés. *Perte des Autrichiens* : quatre mille morts, deux drapeaux, quarante pièces de canons, dix-huit mille prisonniers, et des équipages.

Dans la nuit, le prince Jean de Lichstensten fut envoyé en parlementaire, et obtint un armistice qui fut signé à minuit chez le prince Berthier. A deux heures du matin, l'envoyé autrichien fut présenté à l'empereur, qui dit en signant l'armistice : « Il y a eu assez de sang versé. »

Cet armistice nous livra les deux rives du Danube jusqu'à Raab, et toutes les provinces allemandes : l'armée autrichienne se retira au-delà de Presbourg.

14 octobre. — Paix de Vienne avec l'Autriche. La principale clause, qui fut tenue secrète, était le mariage de Napoléon avec une archiduchesse d'Autriche.

Peu de temps après, Gustave Adolphe IV, roi de Suède, fut forcé à une abdication, et le général Bernadotte fut élu par les états-généraux prince héréditaire de

Suède. Un oncle de Gustave, Charles-XIII, monta sur le trône.

16 décembre. — Un sénatus-consulte déclare dissous le mariage de Napoléon avec Joséphine.

A cette époque, les rois de Saxe, de Bavière, de Wurtemberg, de Westphalie, de Hollande, de Naples, des Deux-Siciles, vinrent à Paris saluer leur suzerain.

1810. 17 février. — Un sénatus-consulte réunit Rome à l'empire français, et suspend le règne temporel des Papes.

Napoléon voulait transporter à Paris le siége du pouvoir pontifical ; grande conception qui eût fait de Paris la capitale temporelle et spirituelle de l'Europe. Napoléon accusait le souverain pontife d'avoir employé son autorité contre les intérêts de la France dans la Péninsule. « Je reconnais, dit-il au corps législatif, la nécessité de l'influence spirituelle des descendans du premier des pasteurs : je n'ai pu concilier ces grands intérêts, qu'en annulant la donation des empereurs français, mes prédécesseurs, et en réunissant les états romains à la France. »

11 mars. — Mariage de Napoléon avec l'archiduchesse Marie-Louise à Vienne.

2 avril. — Célébration du mariage à Paris.

1er juillet. — Louis Bonaparte renonce à la couronne de Hollande, son royaume, et les villes anséatiques sont réunies à la France.

1811. 20 mars. — Naissance du roi de Rome.

Quelques mois après, l'empereur et l'impératrice visitèrent la Hollande. Pendant ce voyage, Napoléon étant monté sur un yacht pour aller à Cologne, engagea la conversation avec le matelot placé à la barre, et lui fit demander à combien il estimait son bâtiment : « Mon bâtiment, répondit-il, il n'est pas à moi; je serais trop heureux, il ferait ma fortune. — Eh bien ! je te le donne, dit l'empereur. Il envoya aussitôt Duroc, grand maréchal du palais, payer le patron du yacht. Le matelot, hors de lui, riait et pleurait en même temps; il tira plusieurs coups de fusils en signe de joie, lorsque son bienfaiteur eut mis pied à terre. »

A Aix-la-Chapelle, l'empereur déjeûnant avec Marie-Louise dans une des îles du Rhin, fit venir un fermier d'une petite terre voisine, lui offrit à boire, le questionna sur ses besoins, obtint des renseignemens sur les projets d'améliorations du paysan, et lui fournit les moyens de les mettre à exécution.

Ces traits de générosité sont louables ; ils indiquent une ame bienveillante, quoique celui qui possède beaucoup n'ait point de mérite à donner peu.

Les grands n'ont qu'à ouvrir la main, et à laisser tomber quelques parcelles de leur superflu, pour que la flatterie les élève jusqu'aux nues. Mais le pauvre, qui soulage en secret la misère d'un plus malheureux que lui, est au dessus de l'homme opulent récompensé de sa bienfaisance par les applaudissemens du peuple.

A son retour, au mois de novembre, l'empereur se reposa au milieu des fêtes des fatigues de ses campagnes. C'était tous les soirs à la cour de Saint-Cloud concert, spectacle, ou bal masqué; les femmes ne pouvaient s'y présenter qu'en grande toilette, et les hommes n'étaient admis qu'avec un habit à la française et l'épée au côté. Le palais et ses hôtes resplendissaient d'or et de diamans. Le temps était bien loin où le capitaine Bonaparte dormait, comme Turenne, à côté de ses canons. En quittant le métier de soldat pour celui de roi, avait-il gagné au change? Il avait plus de pompe et d'éclat, et peut-être moins de grandeur.

D'après le recensement de 1811, la France comptait trente-quatre millions neuf cent mille ames entre le Rhin, les Pyrénées et les Alpes ; quatre millions neuf cent mille, dans les départemens italiens ; six millions quatre cent mille, dans le royaume d'Italie; quinze mille dans l'Illyrie; trois millions trois cent mille, en Hollande et en Allemagne.

L'empire, composé de cent trente départemens, comprenait la Hollande, les villes anséatiques, la Toscane, le Valais, l'Italie, les provinces illyriennes; il s'étendait du nord-ouest au sud-ouest, depuis Travesmunde sur la mer Baltique, jusqu'aux Pyrénées; et du nord-est au sud-est, depuis Brest jusqu'à Terracine.

1812. 27 janvier. — La Catalogne est réunie à l'empire.

24 mars. — Alliance de la Suède et de la Russie.

5 mai. — La Suède et la Russie contractent une alliance avec l'Angleterre.

La Russie voyait avec peine la Pologne sortir de ses ruines, et la France demeurer en paix avec la Turquie; le blocus du continent ruinait les négocians russes et suspendait les échanges.

9 mai. — Napoléon quitte Saint-Cloud avec Marie-Louise et traverse la partie orientale de la France.

16 mai. — Le roi et la reine de Saxe vont au devant de l'empereur et de l'impératrice, et les rencontrent à Freyberg.

18 mai. — Entrée solennelle du couple impérial à Dresde.

19 mai. — Lever de l'empereur à huit heures. Napoléon avait pour courtisans les princes régnans de Saxe-Weimar, de Saxe-Cobourg et de Nassau, le roi de Westphalie et le grand duc de Wurtzbourg. Le roi de Prusse arriva à Dresde le 20.

L'empereur d'Autriche embrassa tendrement son gendre, et lui dit à plusieurs reprises « qu'il pouvait compter sur l'Autriche et sur lui pour le triomphe de la cause commune. » François II avait des preuves authentiques que la famille Bonaparte avait été souveraine à Trévise. A la première entrevue, il annonça avec joie cette découverte à son gendre et à sa fille. Napoléon n'en parut pas émerveillé ; il dit à l'impératrice : « On se trompe sur ma noblesse, elle ne date que de Marengo. »

6 juin. — Napoléon visite Dantzig. Le général Rapp qui en était gouverneur, demanda à reprendre auprès de l'empereur son service d'aide-de-camp, et fut remplacé par le général Daendels.

22 juin. — Une proclamation, datée de Wilkowistzki, commence l'ouverture de la campagne. Le lendemain l'armée se met en marche pour passer le Niémen. Elle était forte de 355,000 hommes d'infanterie, de 59,500 de cavalerie; et divisée en neuf corps principaux, et trois corps de réserve de cavalerie.

Deux cent quarante mille hommes restèrent en réserve entre le Niémen et le Boristhène; cent soixante mille marchèrent sur Moscou, et quarante mille d'entre eux demeurèrent échelonnés entre Smolensk et Mojaïsk.

La Russie avait levé près de cent cinquante mille hommes, formant quarante-deux divisions, parmi lesquels huit de cavalerie. Ces troupes étaient réparties en deux armées sous les ordres des généraux Barclay de Tolly, et du prince Bragation.

23 juin. — Passage du Niémen à Kowno.

1er juillet. — Prise de Wilna; établissement d'un gouvernement provisoire lithuanien.

18 juillet. — Traité d'alliance et de subsides, entre l'Angleterre et la Russie.

23 juillet. — Le prince Bragation est battu par le maréchal Davoust à Mohilow.

25 juillet. — Deux divisions de carabiniers, commandées par le général Nansouty, culbutent un détachement russe, en avant d'Ostrowno.

27 juillet. — L'arrière-garde russe, forte de dix mille hommes, est défaite à Ostrowno.

17 août. — Bataille de Smolensk.

Les deux armées russes réunies sous les murs de cette ville essayèrent en vain de la défendre ; elles perdirent cinq mille morts environ, et eurent sept mille blessés, dont deux mille restèrent prisonniers. Nous eûmes douze cents morts et près de trois mille blessés.

7 septembre. — Bataille de la Moskowa.

Les Russes avaient réuni sur les bords de la Moskowa cent mille hommes d'infanteries, et cinquante - cinq mille de cavalerie ; les Français leur opposaient un nombre égal de fantassins et vingt-cinq mille cavaliers.

Cette bataille fut une des plus sanglantes qui eussent été livrées depuis long-temps ; elle coûta aux Français vingt mille morts, aux Russes plus de trente mille, et cinq mille prisonniers. On y tira plus de soixante mille coups de canon de chaque côté.

Napoléon y déploya autant de courage que d'activité. Il allait de rang en rang, exhortant les officiers et les soldats ; il disait à des troupes qui passaient : « Mes compagnons, conservez cette bravoure qui vous a valu le titre d'invincibles. Braves soldats, criait-il au 9e régiment de ligne, souvenez-vous qu'à Wagram vous étiez avec moi lorsque nous enfonçâmes le centre de l'ennemi. » Les soldats lui répondaient : « Sois tranquille ; les soldats ont tous juré de vaincre et ils réussiront. »

Le général de cavalerie Montbrun fut tué en chargeant le flanc gauche des Russes. Le général Caulincourt le remplaça. « Suivez-moi, dit-il aux aides-de-camp de Montbrun, ne le pleurez plus et venez le venger. » Chargé par Murat d'attaquer la principale redoute de l'ennemi, il répondit : « Vous m'y verrez tout-à-l'heure mort ou vif ! » Il se mit à la tête des cuirassiers, pénétra dans la redoute, et y succomba.

18

L'empereur disait après cette bataille : « Oui, la guerre n'est qu'un métier de barbares, où tout consiste à être plus fort sur un point donné. »

14 septembre. — Entrée des Français dans Moscou. Les Russes avaient traversé cette capitale dans sa plus grande longueur, et se retiraient vers l'est.

Depuis le commencement de la campagne, les Russes saccageaient tout ce qu'ils abandonnaient, employant la dévastation comme moyen de résistance. Rostopchin mit le comble à ce système barbare en ordonnant l'incendie de Moskow dont il était gouverneur. Cette ville détruite, l'armée française fut contrainte à la retraite, décimée par le froid et la faim, presque anéantie, dans un état complet de démoralisation et de dénuement.

23 octobre 1812. — Conspiration de Mallet pour renverser le gouvernement impérial.

5 décembre. — Napoléon quitte l'armée.

1813. 14 février. — Napoléon demande des renforts au corps législatif.

27 mars. — La Prusse déclare la guerre à Napoléon.

15 avril. — L'empereur quitte Paris pour se mettre à la tête de sa nouvelle armée, forte de cent soixante-six mille hommes.

2 mai. — Bataille de Lutzen.

Force des Français : quatre-vingt-cinq mille hommes. *Forces ennemies* : cent sept mille hommes. *Perte des Français* : douze mille hommes tués ou blessés, six cents prisonniers. *Perte des alliés* : quinze mille hommes tués ou blessés, deux mille prisonniers.

Le maréchal Bessières (Jean Baptiste), périt à cette bataille. Né en Poitou, en 1769, il était entré au service en 1792. Après la bataille de Rivoli il fut nommé capitaine des guides de Bonaparte. Au combat de Roveredo, accompagné de deux guides seulement, il s'empara de deux pièces de canon.

Dévoué à Bonaparte, Bessières combattit constamment auprès de lui. Lorsqu'il fut frappé d'un boulet, le 1er mai 1813, il était maréchal de l'empire, duc d'Istrie et colonel-général de la cavalerie de la garde impériale.

8 mai. — L'armée française entre à Dresde.

20-21 mai. — Bataille de Bautzen et de Wurtchen.

Force des Français : cent cinquante mille hommes. *Forces ennemies* : cent soixante mille. *Perte des Français* : douze mille hommes. *Perte des alliés* : dix-huit mille tués ou blessés, et trois mille prisonniers.

4 juin 1813. — Convention d'armes, conclue à Plesswitz et congrès de Prague. Napoléon accepte la médiation de l'Autriche, qui demande que les bornes de l'empire français soient les Alpes, le Rhin et la Meuse.

Le congrès fut sans résultats, et les hostilités reprirent le 10 août.

12 août. — Déclaration de guerre de l'Autriche.

26-27 août. — Bataille de Dresde.

Les alliés ayant sur les Français une supériorité numérique de soixante-dix mille hommes, y furent battus avec une perte de quarante mille hommes, dont dix-huit mille prisonniers, vingt-six pièces de canon, cent trente caissons, et dix-huit drapeaux. Le général Moreau y fut tué dans les rangs ennemis.

16-17-18-19 octobre. — Bataille de Leipsig.

Forces françaises : cent trente-huit mille hommes. *For-*

ces ennemies : trois cent mille. Accablée par le nombre, trahie par les Saxons, l'armée française fut contrainte à la retraite. *Perte des Français* : vingt mille morts (parmi lesquels le maréchal prince Poniatowski, noyé dans l'Elster), trente mille prisonniers, cent cinquante pièces de canon, et plus de cinq cents chariots. *Perte des alliés* : quatre-vingt mille hommes hors de combat.

30 octobre. — Les Bavarois réunis aux Autrichiens veulent arrêter l'armée française à Hanau, et sont culbutés.

9 novembre. — Napoléon arrive à Paris.

31 décembre. — Les alliés traversent le Rhin et envahissent les départemens du Nord.

1814. 21 janvier. — Napoléon quitte Paris.
Janvier. — Combats de Saint-Dizier, de Brienne, de Champ-Aubert, de Montmirail, Château-Thierry, Nangis et Montereau.

31 mars. — Capitulation de Paris.

2 avril. — Le sénat prononce la déchéance de Napoléon.

6 avril. — La dynastie des Bourbons est rappelée au trône.

11 avril. — Abdication de Napoléon.

Caulincourt, Ney et Macdonald furent chargés de porter aux souverains alliés l'acte d'abdication de Napoléon en faveur du roi de Rome ; mais les circonstances le rendaient inutile : le maréchal Marmont venait de traiter de la soumission du sixième corps, en stipulant, par une convention des 3 et 4 avril, des garanties pour la vie et la liberté de l'empereur. Souham, qui l'avant-veille était venu, sous prétexte de gêne momentanée, arracher à l'empereur deux mille écus, conduisait le sixième corps d'Essonne à Versailles. Tous les généraux enrichis par l'empereur, las de la guerre et pressés du besoin de jouir de leur fortune, envoyaient successivement leur adhésion. Ney déclara, par une lettre du 5 avril, qu'il ne restait plus aux Français, pour éviter à la mère-patrie les maux d'une guerre civile, qu'à embrasser entièrement la cause de leurs anciens rois. La désertion de presque tous ses serviteurs contraignit Napoléon à renoncer à l'empire, et à accepter, en remplacement de la couronne de France, la principauté de l'île d'Elbe. On lui donna, pour sa garde, quatre cents hommes de bonne volonté pris dans l'armée.

Le 10 avril, le général russe Schouwarow, le général

autrichien Koller, le colonel anglais Campbell et le général prussien Woldeburg-Truchses, commissaires des puissances alliées, se réunissent à Fontainebleau pour accompagner Napoléon jusqu'au port de Fréjus. On fixa le départ au 20.

Ce jour-là, à midi, l'ex-empereur descendit dans la cour du château, où étaient rangés en bataille les grenadiers de la vieille garde ; le général Petit était à leur tête. Napoléon, les larmes aux yeux, prononça ce discours qui fut écouté avec un respectueux silence :

« Généraux, officiers, sous-officiers et soldats de ma vieille garde, je vous fais mes adieux. Depuis vingt ans, je suis content de vous : je vous ai toujours trouvés sur le chemin de la gloire.

« Les puissances alliées ont armé toute l'Europe contre moi ; une partie de l'armée a trahi ses devoirs, et la France elle-même a voulu d'autres destinées.

« Avec vous et les braves qui me sont restés fidèles, j'aurais pu entretenir la guerre civile pendant trois ans ; mais la France eût été malheureuse, ce qui était contraire au but que je me suis proposé.

« Soyez fidèles au nouveau roi que la France s'est choisie ; n'abandonnez pas notre chère patrie trop longtemps malheureuse : aimez-la toujours bien, cette chère patrie. Ne plaignez point mon sort ; je serai toujours heureux, lorsque je saurai que vous l'êtes. J'aurais pu mourir, rien ne m'eût été plus facile ; mais je suivrai sans cesse le chemin de l'honneur ; j'ai encore à écrire ce que nous avons fait.

« Je ne puis pas vous embrasser tous ; mais j'embrasserai votre général... Venez, général...(il serre le général Petit dans ses bras). Qu'on m'apporte l'aigle (il l'embrasse). Chère aigle, que ces baisers retentissent dans le cœur de tous les braves !... Adieu, mes enfans !.. Mes vœux vous accompagneront toujours : conservez mon souvenir. »

Il donna sa main à baiser à tous les officiers qui l'entouraient, monta ensuite en voiture avec le grand-maréchal du palais Bertrand, et prit la route du midi.

28 avril. — Napoléon s'embarque sur une frégate anglaise pour aller à l'île d'Elbe.

1815. 20 février. — Déterminé à reconquérir sa couronne, Napoléon partit de l'île d'Elbe, à cinq heures du soir, sur le brick de guerre l'*Inconstant*.

Son voyage fut sans danger. Seulement le 27, à six heures du soir, l'*Inconstant* se croisa avec un brick qu'on reconnut être le *Zéphir*, capitaine Andrieux. On proposa d'abord de parler au brick, et de lui faire arborer le drapeau tricolore. Cependant l'empereur donna ordre aux soldats de la garde d'ôter leurs bonnets, et de se cacher sous le pont. Les deux bricks passèrent bord à bord. Le lieutenant de vaisseau Taillade était très connu du capitaine Andrieux. Dès qu'on fut à portée, on parlementa ; on demanda au capitaine Andrieux s'il avait des commissions pour Gênes; on se fit quelques honnêtetés, et les deux bricks, allant en sens contraire, furent bientôt hors de vue, sans que le capitaine Andrieux se doutât de ce que portait ce frêle bâtiment.

1er mars. — A cinq heures du soir, on débarque au golfe Juan, près de Cannes (Var). La troupe de l'empereur, composée de onze cents soldats, arbore la cocarde tricolore, et bivouaque au bord de la mer. Napoléon adresse à l'armée française une proclamation, par laquelle il lui annonce son retour.

« Soldats, leur dit-il, venez vous ranger sous les drapeaux de votre chef. Son existence ne se compose que de la vôtre; ses droits ne sont que ceux du peuple et les vôtres; son intérêt, son honneur, sa gloire, ne sont autres que votre intérêt, votre honneur et votre gloire. La victoire marchera au pas de charge ; l'aigle, avec les couleurs nationales, volera de clocher en clocher jusqu'aux tours de Notre-Dame ; alors vous pourrez montrer avec honneur vos cicatrices ; alors vous pourrez vous vanter de ce que vous aurez fait : vous serez les libérateurs de votre patrie.

« Dans votre vieillesse, entourés et considérés de vos concitoyens, ils vous entendront avec respect raconter vos hauts faits ; vous pourrez dire avec orgueil :

« Et moi aussi je faisais partie de cette grande armée qui est entrée deux fois dans les murs de Vienne, dans ceux de Rome, de Berlin, de Madrid, de Moscou ; qui a délivré Paris de la souillure que la trahison et la présence de l'ennemi y ont empreinte. »

La marche de l'empereur fut triomphale. Il fit vingt lieues le premier jour. Ses proclamations, répandues avec profusion, rallièrent à sa cause tout le Dauphiné. Il rencontra près de Vizille huit cents hommes de la garnison de Grenoble qu'on envoyait contre lui. Il mit pied à terre, alla droit au bataillon, suivi de sa garde portant l'arme sous le bras, et dit : « Le premier qui veut tuer l'empereur peut le faire. » Ce bataillon, qui avait été sous les ordres de Napoléon, lors de la campagne d'Italie, répondit par des acclamations. La garde et les soldats s'embrassèrent ; ceux-ci tirèrent de leurs sacs et du creux des tambours des cocardes tricolores, et les arborèrent, les larmes aux yeux. « C'est la même, disaient les uns en passant devant l'empereur, c'est la même que nous portions à Austerlitz! Celle-ci, disaient d'autres, nous l'avions à Marengo! »

Peu de temps après, le colonel Labédoyère vint avec tout son régiment doubler les forces impériales. Le 6 mars, à dix heures du soir, Napoléon entra dans Grenoble. Le 8, il était à Lyon.

13 mars. — Décret qui abolit la noblesse et les titres féodaux, et remet en vigueur les lois des assemblées nationales. Les titres donnés par l'empereur sont conservés.

Décret qui rétablit l'ordre judiciaire impérial.

Décret qui casse les nominations faites dans l'armée par Louis XVIII.

Décret qui supprime la garde suisse.

Décret qui rétablit la cocarde tricolore.

Décret qui bannit les émigrés rentrés en France avec les Bourbons.

Décret qui dissout la chambre des pairs, comme composée en partie de personnes qui ont porté les armes contre la France et qu' ont intérêt au rétablissement des droits féodaux, et à la destruction de l'égalité entre les différentes classes.

Convocation des collèges électoraux des départemens en *assemblée extraordinaire du Champ de Mai.*

Tous ces décrets sont datés de Lyon.

20 mars. — Napoléon arrive à neuf heures du soir aux Tuileries, que Louis XVIII avait quittées dans la nuit du 19 au 20.

On lisait dans le Moniteur officiel du 15 mars 1815, à l'occasion des adresses votées par les administrations : « Toutes respirent l'indignation la plus profonde contre l'entreprise la plus sacrilège qui met en péril les droits les plus sacrés de la nation. Presque toutes sont terminées par une expression qui les renferme toutes, et ce mot est *vive le roi!* »

Le Moniteur du 14 mars traitait les Bonapartistes de *rebelles, qui avaient abjuré l'honneur*; d'après les nouvelles qu'on recevait de Nantes, de Besançon, de Caen, de Soissons, d'Orléans, de Toulouse, d'Amiens, etc., etc., il semblait que la France tout entière allait se soulever contre l'usurpateur, en faveur de *l'auguste monarque qui avait séché les pleurs de la patrie* : mais à peine Napoléon eut-il paru que toute idée de résistance fit place à un enthousiasme universel; une foule de villes envoyèrent des adresses remplies d'expressions *de zèle, de dévouement et de fidélité* ; et le Moniteur disait : Honneur, gloire, patrie ! Enfin nous les avons revues ces aigles mille fois triomphantes, et jamais vaincues ! (21 mars.)

Quarante mille hommes s'étaient successivement rangés sous les drapeaux de l'empereur : il avait fait en vingt jours deux cent quarante lieues, qu'en temps ordinaire on met quarante-cinq jours à parcourir.

21 mars. — Napoléon passe l'armée en revue, la harangue, et remet à la garde impériale ses anciennes aigles, en disant :

« Qu'elles vous servent de point de ralliement ! En les donnant à la garde, je les donne à toute l'armée. La trahison et des circonstances malheureuses les avaient couvertes d'un crêpe funèbre ! Mais, grace au peuple français et à vous, elles reparaissent resplendissantes de toute leur gloire. Jurez qu'elles se trouveront toujours partout où l'intérêt de la patrie les appellera ! Que les traîtres et ceux qui voudraient envahir notre territoire n'en puissent jamais soutenir les regards ! »

« Nous le jurons ! » s'écrièrent avec enthousiasme tous les soldats. Les troupes défilèrent ensuite au son de la musique, qui jouait l'air : *Veillons au salut de l'empire.*

2 avril. — Par un traité signé à Vienne, l'Europe se

coalise contre la France. La Suède et le Portugal refusèrent seuls de fournir leur contingent.

21 avril. — L'empereur publie l'acte additionnel aux constitutions de l'empire.

Napoléon signa avec répugnance cet acte, qui accordait quelques libertés à la nation. Dans son opinion, l'unité indispensable à la force d'un bon gouvernement n'était pas compatible avec la diversité de vues et d'idées d'une chambre représentative ; il aimait mieux agir que délibérer, il préférait les soldats aux orateurs, la force qui combat à celle qui discute.

12 juin. — Napoléon quitte Paris pour se mettre à la tête de l'armée française de Flandre.

16 juin. — Les Prussiens sont battus au village de Ligny.

18 juin. — Bataille de Waterloo.

L'armée française se composait de quatre-vingt-quinze bataillons et cent dix escadrons, et était forte de soixante-huit mille six cent cinquante hommes, avec deux cent quarante bouches à feu. Les troupes anglo-hollandaises comptaient quatre-vingt-neuf mille cinq cents hommes, et celle des Prussiens soixante-quinze mille hommes.

Perte des Français du 15 au 19 juin : trente-six mille cinq cents hommes tués, blessés, ou prisonniers. *Perte des alliés :* cinquante cinq mille hommes.

« Tout a été fatal dans cette affaire, disait Napoléon à Sainte-Hélène (4 décembre 1815); Grouchi s'est égaré, Ney était tout hors de lui. On se peindrait difficilement l'armée dans cette nuit de douleur ; c'était un torrent qui entraînait tout.

23 juin. — Seconde abdication de Napoléon.

24 juin. — Création d'un gouvernement provisoire.

3 juillet. — Par une convention d'arme, signée à Saint-Cloud, l'armée française évacue Paris et se retire derrière la Loire.

6 juillet. — Louis XVIII et les alliés entrent à Paris.

15 juillet. — Napoléon s'embarque sur le vaisseau anglais le Bellérophon ; et se confie à la générosité du peuple anglais, il est transporté à bord du Northumberland, qui fait voile pour Sainte-Hélène.

1er août. — L'armée française est licenciée.

15 octobre. — Napoléon arrive à Sainte-Hélène, avec les généraux Bertrand, Montholon, Gourgaud, et M. Las-Cases.

1816. 20 novembre — Le gouvernement français cède aux alliés, par un traité, le territoire et les places de Philippeville, Marienbourg, Sarre-Louis et Landau, restitue la Savoie au roi de Sardaigne, accorde la démolition des fortifications d'Huningue, s'engage à payer une indemnité de sept cents millions, et à entretenir pendant trois ou cinq ans, à la volonté des alliés, une armée de cent cinquante mille hommes occupant une ligne le long des frontières.

1821. 5 mai. — A huit heures du soir, mort de Napoléon.

Les matériaux abondent pour écrire l'histoire de Napoléon : outre les documens officiels, nous possédons une foule de mémoires particuliers. Des chroniqueurs ont pris soin de nous apprendre les moindres circonstances de la vie de l'empereur : nous savons combien il buvait de demi-tasses de café ; nous savons que son maître d'hôtel lui avait trouvé trois cent soixante-cinq manières d'assaisonner le poulet, qu'il aimait les omelettes et les lentilles, qu'il mangeait très vite, qu'il se faisait frotter le corps avec de l'eau de Cologne.

Ces détails mesquins encombrent l'histoire. Il ne faut pas oublier les choses pour les individus. Un grand homme a besoin d'être étudié non dans son corps, mais dans son esprit, non dans ses habitudes physiques qui diffèrent peu de celles des autres hommes, mais dans l'activité intellectuelle qui lui est propre.

Emule de Charlemagne, il voulut comme lui instituer un empereur d'Occident, des suzerains, des feudataires, des vassaux, des princes, des ducs, toute une hiérarchie féodale, qu'il consolida par des majorats. Il était essentiellement mathématicien, et le besoin d'ordre et de régularité qui le dominait lui fit chercher dans le passé le plan d'une vaste organisation sociale. Mais l'Europe avait grandi depuis le neuvième siècle, et ce système d'oligarchie ne lui convenait pas plus que des langes à un adolescent.

L'élévation même de Napoléon devait lui prouver qu'on était entré dans une ère nouvelle où le mérite était plus que la naissance, et que c'était sur les principes du droit nouveau qu'on devait établir les bases de l'ordre public. Il s'était frayé un chemin au trône à travers les ruines de l'antique monarchie. Roi de fortune, il représentait la multitude triomphante et fière d'être enfin comptée pour quelque chose; il pouvait dire avec raison, comme il le disait en 1815 à Benjamin Constant : « Je ne suis pas seulement l'empereur des soldats, je suis celui des paysans, des plébéiens de la France. La fibre populaire répond à la mienne. Je suis sorti des rangs du peuple; ma voix agit sur lui. »

L'homme qui reconstruisait un empire et une noblesse sur les débris de la république, était toujours, aux yeux de la nation et de l'étranger, le missionnaire armé de la révolution française.

L'ennemi même a rendu justice à sa capacité militaire. Il perfectionna et appliqua avec un admirable talent le système d'attaque créé en 1793 par le comité de salut public; ce système consistait à réunir les troupes en un seul bloc et à les porter sur le centre ennemi, pour isoler les ailes.

Il était brave de sa personne, et on le vit s'exposer plusieurs fois audacieusement. Pendant la bataille de Lutzen, il appuyait de son cheval en travers les rangs des conscrits, en leur criant : « Enfans, ce n'est rien ! Du courage ! la patrie vous regarde. »

L'enthousiasme des soldats pour lui allait jusqu'à la frénésie. A Waterloo, un soldat ayant le bras gauche fracassé par un boulet, l'arrache de la main droite, et le lance en l'air, en criant : *Vive l'empereur, jusqu'à la mort !* C'est un Anglais, lord Byron, qui raconte ce fait dans une note d'un de ses poèmes.

A Lutzen, un colonel, revenant seul de son régiment, blessé d'un coup de feu au bas-ventre, et soutenant de ses deux mains ses entrailles, criait : « C'est égal, mes amis, nous vaincrons ; *Vive l'empereur !* »

Napoléon établit une puissante unité, et contribua à lier en un seul corps homogène toutes les parties constitutives de la France. Tout en repoussant les conséquences extrêmes de la révolution, il réalisa une partie de ce qu'avaient ébauché les assemblées précédentes. La forme administrative actuelle, l'ordre judiciaire, la constitution du clergé, le système de contributions directes et indirectes, les lois civiles, sont l'œuvre de son gouvernement.

Actif, laborieux, fuyant le sommeil et les plaisirs, sans cesse dictant des ordres et des décrets, il s'occupait avec ses ministres huit ou dix heures de suite, et lassait plusieurs secrétaires ; il vaquait à toutes les affaires, il prévoyait tous les besoins, il régularisait tous les services.

« J'ai connu, disait-il, la fin de mes yeux ; j'ai connu la fin de mes jambes ; je n'ai jamais connu celle de mon travail. »

Il était infatigable. En 1808, il vint à franc étrier de Valladolid à Burgos, parcourant plus de sept lieues à l'heure. Il faisait souvent des chasses de trente-huit lieues. Au conseil d'état, il siégeait huit ou neuf heures de suite. A Sainte-Hélène, Las-Cases rapporte l'avoir vu lire, dix ou onze heures de suite, des sujets abstraits, sans en paraître nullement fatigué.

Les travaux industriels qu'il commanda sont immenses. D'après ses ordres, furent établis 9 marchés, des greniers d'abondance de 1,077 pieds de long, un entrepôt des vins et eaux-de-vie contenant 175,000 hectolitres, un lavoir et dépôt de laines, 5 abattoirs, 4 ponts, 11 quais, 3 canaux avec bassins, 1 aqueduc, 24 fontaines, 26,010 mètres d'égouts, 4 cimetières ; le tout dans la seule ville de Paris. 75 fontaines furent mises en état de fournir de l'eau ; on répara les catacombes. Des chefs-d'œuvre cédés par des traités enrichirent le Musée. Il faut joindre aux établissemens ci-dessus mentionnés la Bourse, le temple de la Gloire, fondé après la paix de Tilsitt, la Chambre, la Colonne, la grille des Tuileries, les arcs du

Carrousel et de l'Etoile, une aile du Louvre, le palais du roi de Rome commencé en face du pont d'Iéna, le palais des Archives près du Champ-de-Mars, celui des Postes, de la Légion-d'Honneur, des casernes, et un grand nombre de rues nouvelles, des routes, entre autres celle du Simplon, le port d'Anvers, etc., etc.

Il encouragea les gens de lettres ; mais la manière dont il organisa l'Institut, en plaçant en première ligne les sciences exactes, prouvait qu'il n'accordait à la littérature et aux beaux arts qu'une considération secondaire.

La France fut un moment sous son règne la reine des nations et la maîtresse du monde. Si des revers nous firent perdre le fruit de ses conquêtes, elles eurent sur les peuples une immense influence ; l'adoption de notre administration et de nos lois fit faire des progrès rapides à toutes les nations soumises par nos armes. Ainsi, dans quelques parties de l'Allemagne, et notamment dans les provinces rhénanes, des royaumes ont été fondés, de petits états supprimés, d'anciens priviléges abolis : le code Napoléon y est devenu national.

Il n'appartient qu'à la postérité de juger Napoléon en dernier ressort. Les grands tableaux historiques demandent à être vus à distance. Ce n'est que long-temps après l'accomplissement des faits, qu'on peut rigoureusement déterminer leur corrélation avec ce qui les précède et ce qui les suit.

FIN.

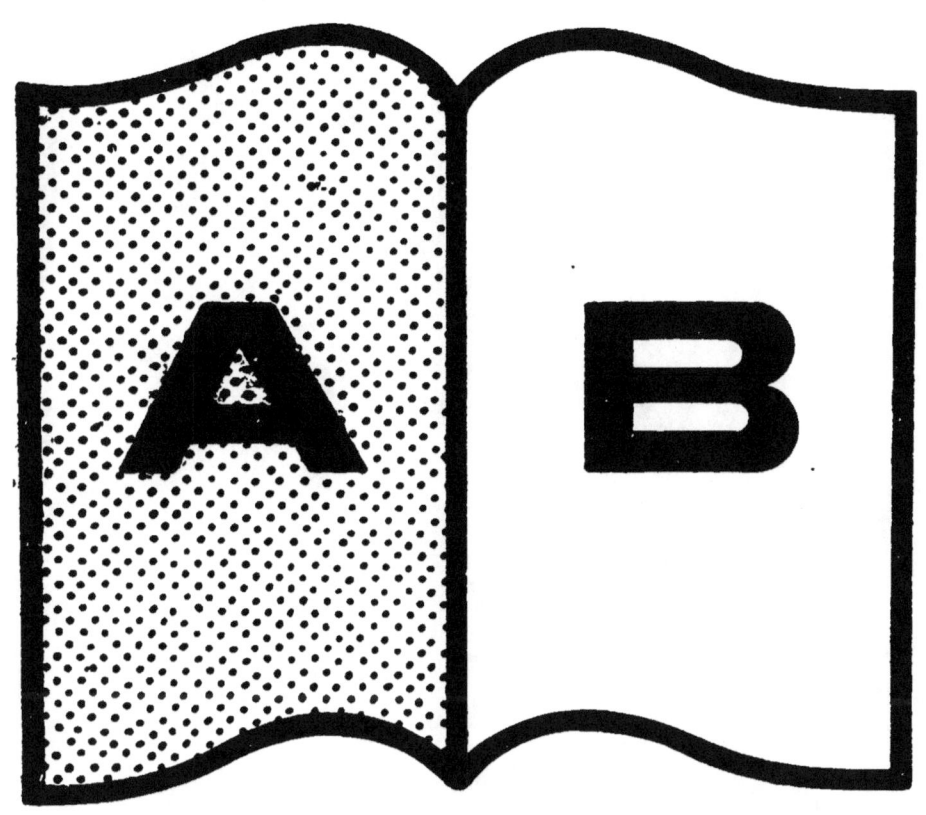

Contraste insuffisant

NF Z 43-120-14

www.ingramcontent.com/pod-product-compliance
Lightning Source LLC
Chambersburg PA
CBHW071532160426
43196CB00010B/1744